2030年大終末を超える唯一の方法

秋山眞人×羽賀ヒカル

徳間書店

はじめに

羽賀ヒカル

言葉には、つねに〝表〟と〝裏〟があります。

あらゆる予言も、まるで禅問答のように、言葉の〝裏〟をとらねばなりません。


「20XX年、人類は滅ぶ」


そのような予言を遺《のこ》した偉人は、少なくありません。本書のなかでも触れますが、聖徳太子も『未来記』という予言書に、終末予言ともとれる一節を記しました。

なぜ、そのような言葉を遺したのか？

ノストラダムスも、聖徳太子も、その類いまれな直感力ゆえに、見たくもないのに、見えてしまったのでしょう。人類の悲惨な結末が……。それをわざわざ書き遺したのは、決して脅《おど》かすためでも、能力をひけらかすためでも、ありません。

愛していたからです。

未来を生きる、私たちのことを。

この美しい地球《ほし》を、守りたかったからです。

ゆえに、〝ハズレること〟を願って、書いたのです。

予言が「当たった」とか「ハズレた」とか、そのような議論に、私は興味がありません。大切なのは、その予言の〝裏〟にある願いだからです。


ひとつ、私の経験からお話ししましょう。

15歳のとき、私は師匠・北極《ほっきょく》老人に懇願《こんがん》しました。

「ボクも占い師になりたいです。先生、占いを教えてください！」

すると返答は、思いもよらぬものでした。

「やめときな……ふつうの人生が歩めなくなるから」

この言葉を、〝言葉どおり〟に受け止めていたら、いまの私はありません。

けれど私は、〝ふつうの人生が歩めなくなる〟という、制止を振り切ってでも、真理が知りたい。北極老人のようになりたい。その情動が、止められなかったのです。

私は占いの本を買いあさり、学びはじめました。そんな姿を、北極老人は見守り、あるときから占いを教えてくださるようになったのです。

いまにして思えば、あのときの「やめときな」には〝裏〟の意味があったのだと思います。「やめとけ」と言われて、「はい、やめます」と、やめてしまうような熱意じゃ、大した占い師にはなれないよ……と。

つまり、私は覚悟を問われていたのです。

〝あなたは本気で、人の運命を背負えるか？〟と。

同じく、数々の終末予言は、私たちに問いかけているのです。

〝あなたは本気で、この地球を愛しているか？〟と。

未来を決めるのは、どこぞの誰かではなく、あなたの意思です。

それが本書でいちばんお伝えしたいメッセージの一つ。

未来がどうなるかなんて、誰にもわかりません。

究極、神々ですら、わからないのです。

今日を、どう生きるかによって、明日は、いかようにでも変わるのですから。


2030年に向けて、激動の時代が訪れることは間違いないでしょう。

でも私は、どんな試練がきても超えられると信じています。いえ、ぜったいに超える！　という決意《ハラ》で生きている、といったほうが正しいのかもしれません。

きっと、秋山先生も同じお気持ちではないかと思います。


秋山先生とご縁をいただいたとき、その言葉の響きから、人類の未来を守りたいという、切なる願いが伝わってきました。

その願いをもって共鳴し、生まれた一冊が本書です。
この対話に、ともに響き合うような気持ちで、お読みいただけたら幸いです。
あなたの幸せな未来と、この地球の弥栄《いやさか》を、心から願って。

羽賀　２０３０年に向けて、
「巨視的に見る」という生き方が大切になるでしょう。
これは私の師匠の北極老人から教わったことです。

秋山　こういう時代に必要なことは、「俯瞰《ふかん》的に見る」ことだったり、「直観」です。

羽賀「直観力を磨いていく」ことは、

これからの時代のテーマだと考えています。

羽賀　「２０３０年」というキーワードにつながる、私たちがテーマとしている歴史上の人物が、聖徳太子です。聖徳太子が残したものに「聖徳太子の未来記」があります。これは予言の書とも言われていて、その内容は現代を指しているのではないでしょうか。

秋山　今後「聖徳太子の未来記」に予言された
２０３０年までに、
いろいろな意味で膿が出てくるでしょう。
そのときに我々が、我々自身を嫌悪することに
負けてしまわないかどうか。
まさにサバイバルです。

羽賀　日本は世界のひな形です。
だから、日本で起こることが世界にも広がります。
日本という国は、そのような役割を
神様から託された国なのです。
私たち日本人の意識が鍵を握っています。

2030年大終末を超える唯一の方法　目次

第1章　直観力を磨いていく

第2章 終末予言とグレイ系宇宙人

第3章　縄文時代／空間信仰／パワースポット

第4章 終末を予言した？「聖徳太子の未来記」

第5章 身体感覚を呼び覚ます

装丁　三瓶可南子
編集　豊島裕三子

第1章

直観力を磨いていく

北極老人との出会い

羽賀　最初に自己紹介からさせてください。私は医者の家系に生まれまして、両親から将来は医者になることを期待されて育ちました。でも私は、無理やり押しつけられることが大嫌いで、学校でも、面白い授業はしっかり聞いても、つまらない授業はまったく聞いていませんでした。

私には、将来の夢もやりたい仕事も、特にありませんでした。でも両親の期待通り「将来は医者にならなければ……。そのためには勉強しないといけない」と思っていて、そのくせまったく勉強はしていないという学生時代を過ごしていました。

そんな私を見かねた母親が、ある日、「近所に塾ができたから、行ってみない?」と声をかけました。自宅から歩いて1、2分くらいのところだったので、「近所なら行ってみようかな」という軽い気持ちで母親と一緒に行ったのが、『大学受験塾ミスターステップアップ』でした。

初めて塾長先生にお会いしたときの感動は、いまも忘れません。まず驚いたのは、先生が5教科7科目すべてにおいて、全国模試で1位を獲得した受験の達人であったことです。

実際に、過去の成績表を見せていただいて、偏差値90を超えているものも！　別世界だ……と目を丸くする私に、先生は受験の必勝法を語ってくださったんです。

そして気づくと、話は次々に展開し、「なぜ勉強するのか？」「どのように生きるべきか？」「幸せな人生とは？」など、深遠なテーマにまで及んでいきました。

約2時間後……まるで魔法にかかったかのように、私は見える世界が変わっていました。ここに来れば、これまでの退屈な人生が、何か変わる気がする。絶対にここで受験勉強がしたい！　そう思った私は、その日のうちに入塾を決めました。

それが私の人生の師・北極《ほっきょく》老人との運命の出会いでした。

人生の転機となる占い師への道

羽賀　塾に通い出して2、3カ月したあるときに、北極老人が、かつて占い師だったという噂《うわさ》を耳にします。

当時高校生の私は、占いのことは何も知らなかったので、「何占いですか？　どれぐらいわかるのですか？」と聞いてみると、北極老人は、例えば人の名前を聞けば、その人がどんな性格か、これからどんな人生を歩んでいくのかが、だいたいわかるとおっしゃったのです。

「本当かな？」と思って、自分について聞いてみたら、「あなたの名前で一番悩みやすいことは……」と言われて、それが当時どんぴしゃで私が悩んでいることだったんです。もう鳥肌が立ちました。

でも疑い深い私は、「いや待てよ、私とは面識があるから、わかっただけかも。次は、北極老人が知らない人のことを聞いてみよう」と思って、母親の名前を紙に書きました。

すると、私と母親が前日にどんな喧嘩《けんか》をしたのか、その内容を当てられたのです。

「これはすごい！」と思って、次に私の妹や父親、知人たちの名前を書いたら、北極老人は、妹の性格、父親の性格、また、知人たちの性格を細かく当てられました。

それを聞いた私は、武者震いというか震えが止まらなくなりました。

そのときに「私も占いをやろう」と決めたのです。

まさか自分が占いを生業《なりわい》にするなんて、かつては想像もしませんでした。

起業して「最高の波動のもの」を目指す

羽賀　占いというのは、「人はどうすれば幸せになるのか」「どうすれば人生がよくなるのか」を観《み》ていくことですが、それには「〝場の力〟というものが、大いに関係している」、また、「人生に影響を与えるための場として、神社がある」「神社参拝は人生を変える」と、北極老人から教えていただきました。

私は勉強以外のことに夢中になって高校時代は遊んでばかりで、1年間浪人して大学に行きました。北極老人のもとで占いや神社、神道のことを学びたかった私は、自由に使える時間を得るために大学に行っているようなところがありました。

大学を卒業したらどうしようかと、北極老人の弟子の仲間たちと話し合っていると、就職するより、会社を立ち上げたい、という意見で一致しました。そして15人ほどの仲間たちと一緒に起業したのです。

塾長先生の北極老人から「大学受験塾ミスターステップアップ」を受け継いで、「御食事ゆにわ」という飲食店を立ち上げました。それが2006年のことです。

ちなみに、北極老人のすごさは、受験勉強と占いだけではありません。料理の腕前もプロ級……いや、プロ以上でした。「美味《おい》しい」という次元を超えて、全身にエネルギーが漲《みなぎ》り、心の闇《やみ》が退《しりぞ》けられる。その料理を食べただけで、自分の未来を信じられるようになって、救われた人を数えきれないほど見てきました。

そんな北極老人の料理を受け継ぐべく、料理を学んだ門下生たちが「御食事ゆにわ」で厨房《ちゅうぼう》に立っています。

北極老人は、弟子を募集していたわけではありません。むしろ、断っていたぐらいです。しかし、北極老人に憧《あこが》れてきた者が集まってくるようになり、さまざまなジャンルでその教えを受け継ぐようになりました。

そして2023年のいまでは、それを体感していただける店もずいぶん増えました。

北極老人から教わった勉強法を「大学受験塾ミスターステップアップ」で、料理を「御食事ゆにわ」、「べじらーめんゆにわ」で、お茶やスイーツを「茶肆《ちゃし》ゆにわ」、「(東京)白金ゆにわ」、「パティスリーゆにわ」「シロフクコーヒー」で、整体術を「ボディヒーリングサロンゆにわ」で、東洋医学を「ポラリス診療所」で、ライフスタイルを「ゆにわマート」で、それぞれの門下生が、各分野で、お伝えしているのです。

私は、占い師または神道家として、お客様のご相談にお答えしています。さらに、セミナーや勉強会を通じて、「幸福になる生き方」をお伝えしています。

日本と世界を変えていく原点を

羽賀　今回のテーマは「２０３０年 大終末を超える唯一の方法」です。

いま私は、YouTubeで「神社チャンネル」という番組を運営しています。

神社に関する知識をはじめ、政治や経済のテーマも扱っていますが、どちらかというと「日本の危機」について訴《うった》えている内容が多いです。

「何が危機なのか」というところは、おいおいお伝えしていきますが、動画を発信していると、「では、私たちはどうすればいいんでしょうか？」という解決論、方法論について聞かれることが実に多いです。

本書は「大終末を超える唯一の方法」というタイトルではありますが、「これをやれば大丈夫」という単純なものではありません。

人間の病気にたとえると、この薬さえ飲んでいれば大丈夫という完全なものはないのと一緒です。病気を治すためには、根本的なライフスタイルや、考え方を改めていかないと難しいように、いまや日本も世界も、根本を変えないと立て直しができないほど、危機的な状況に陥っていると思います。

なので、日本の根本を変えるひな形をつくるという志を持って、私たちは活動しております。

お店の名前の「ゆにわ」（斎庭）というのは、「お祭りや祭祀《さいし》の際に、神様が降りる場所」という意味があります。古神道の言葉で、祝詞《のりと》にも登場します。

危機的状況にある現代や日本において、神様が降りるような空間、場所、人間関係、食事、教育などを提供しながら、日本や世界を変えていく原点となる場所、その種まきをしていけるよう、活動しています。

私たちの活動も、「大終末を超える唯一の方法」につながっていると思っています。

巨視的視点の大切さ

羽賀　2030年に向けて、「巨視的に見る」という生き方が大切になるでしょう。

これは北極老人から教わったことです。

秋山先生とはこの間、奈良の飛鳥《あすか》にご一緒させていただきました。

飛鳥は「縄文時代の雰囲気」が残っている、数少ない場所の一つです。

縄文を表す代表的なものが、巨石信仰、磐座《いわくら》信仰です。青森県の三内丸山《さんないまるやま》遺跡や、秋田県鹿角《かづの》市の大湯環状列石《おおゆかんじょうれっせき》は、縄文時代を代表する大規模遺跡ですが、縄文の遺跡は巨石信仰とセットであったと考えます。

秋山先生と一緒にお参りした明日香《あすか》村の飛鳥坐《あすかにいます》神社も、参道の途中や奥宮のあたりには巨石が祀《まつ》られていて、巨石信仰の名残りがある神社だなと感じました。

青森県の三内丸山遺跡

秋田県の大湯環状列石

秋山　国学者、民俗学者の折口信夫《おりくちしのぶ》は、この神社の83代飛鳥助信《すけのぶ》様の御子息で、古式ゆかりのある石もさることながら、直径1メートル超えの御神鏡があったりなど、とても貴重な宝物がある神社でも有名です。

羽賀ヒカル氏（中央）と秋山眞人氏（右）

飛鳥坐神社

巨石が祀られている

羽賀　そもそも「縄文時代は、いつから始まったのか？」については、いまだにはっきりしていません。学術的にもさまざまな定義がありますが、仮に約4万年前とします。縄文時代が4万年前から始まっているとすると、明治以降はほんの短い期間にすぎません。それどころか、私たちが農耕を始めるようになった、もしくは戦争をするようになったのが弥生時代からと言われていますが、それが約2000年前です。

つまり、**巨視的に見ると日本というのは、ほぼほぼ縄文だったということです。**

では、日本人のDNAは4万年前から大きく変わったのでしょうか？

もちろん変化した面はあるとは思いますが、日本人の性質やDNAは根本的に変わっていないのではないでしょうか。

「長い目で見る」ということが、本書のテーマである「2030年　大終末を超える唯一の方法」にとって重要ですし、巨視的視点で物事をとらえられる方法だと思っています。

秋山　ものごとは、縄文のように、長い周期と短い周期が縄の交点のごとくからみ合っている、これを読み解くことが大切です。

地球の天中殺／天中殺の本当の意味

羽賀　太陽系惑星の周期は、2万6000年周期という説があります。図を描いてみました（次ページ参照）。

まず地球は太陽の周りを回っていて、これが1年周期です。この他に木星周期があって、木星が太陽の周りを回るのが12年。これが干支《えと》のもとになっていて、あらゆるものには周期性があるということです。

私が師匠の北極老人から教わった占いは、60年周期、もしくは60日周期、60カ月周期を基本のサイクルにしています。60が一つの区切りになるのです。

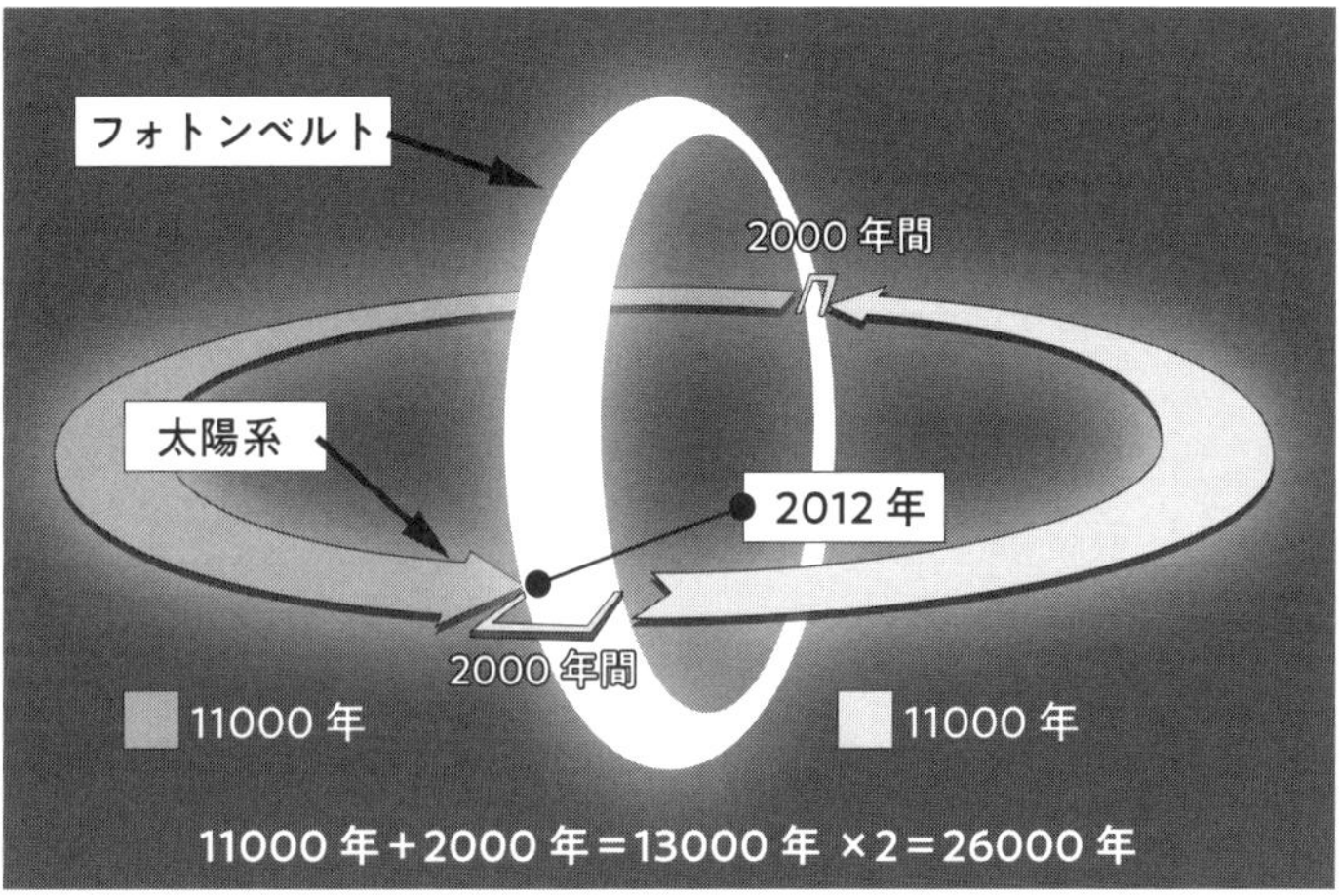

現在わかっている一番大きな周期性は、2万6000年周期です。
太陽系の周りを8つの惑星が回っていますが、太陽系自体もまた銀河系の中を回っています。フォントベルトというエネルギー帯を通過するのに、約2000年かかるので、この周期が2万6000年と言われています。

古代マヤ、アステカ文明のマヤ族は、2万6000年を最大の周期としながら、2600年、260日といったような、26、それを半分に割った13を聖なる数としていました。
そして、この周期性をもって、人の性格や運命、国家の命運を占っていたのです。

私がこの世界に入ったのは、1999年頃です。1999年といえば「ノストラダムスの大予言」がブームになって大注目された年です。その後に注目されたのが、「マヤの暦が終わる2012年12月21日に、地球が滅亡する」という予言で、「2012年12月22日に何かが起こるのでは？」と世界が固唾《かたず》を呑《の》んで見守りました。

秋山　『2012』という映画になりました。

羽賀　でも、現実的には何も起こりませんでした。ただ、1999年、もしくは2012年から、見えない世界や私たちの生活環境は、確実に変わってきたと言えます。

いったい、2012年12月21日とは何だったのでしょうか？

前ページは2万6000年周期の図ですが、2012年12月22日をターニングポイントとして、そこから２６００年間、地球がフォトンベルトという特殊な粒子のエネルギー帯に入ったとおっしゃっている方がいました。

マヤ暦においても、２０１２年12月22日からの２６００年というのは特殊な期間で、人類にとっても、地球にとっても、重要な期間に入ったのだと思います。

言ってみれば、２０１２年12月22日はスタートラインでした。

２万６０００年の10分の１は２６００年で、これは師匠の北極老人から「人類と地球にとっての天中殺」だと教わりました。天中殺とは占いの用語で、簡単に言うと**「運の清算期間」**のことです。

天中殺は算命学では大殺界《だいさっかい》、四柱推命では空亡《くうぼう》と呼ばれますが、一般的に「運が悪い期間だ」と言われています。

でも、私が北極老人に教わったのは、天中殺は、悪い時期ではないということでした。

巷《ちまた》の占いは「吉・凶」や「幸運・不運」を決めつける傾向にあります。けれど、本当の占いの役割というのは、人生の中の吉と凶、幸運な時期と不運な時期を一つの美しい物語になるようにつなげていくことなのです。

2012年12月22日から人類の清算が始まった

羽賀　ただ実際に、天中殺のときに離婚した、病気になった、会社を離れたという方は多くいらっしゃいます。これも事実です。

だったら、天中殺はやっぱり悪い時期だと思われるかもしれませんが、そうではありません。では、どうして、天中殺のときに離婚や離職、病気が起こるのか。

それは、**天中殺の時期には、隠れていたものが出てきたり、いままで秘めていたものが露見《ろけん》したりするからです。**

だから病気になったというのは、いままで不健康な生活をしていたり、ストレスを抱えていたから、それが顕在化《けんざい》しただけなのです。人間の体にとっては必要なことです。

体の中にストレスや毒素が溜《た》まり続けると、ある日、突然ぽくっと逝《い》ってしまいます。だから、人間は適度に風邪を引いたり病気になったりするほうが、自然なのです。

仕事の問題においてもそうです。「いままでいやいや働いていた」なども、心の中に秘めていたことですね。いつかいまの仕事を離れる予定だったから、トラブルになって会社を辞めさせられたり、離れざるを得なくなる。これも心では離れていたものが、露見しただけです。離婚もそうですね。

天中殺を通して、うまくいっていなかったものが露見して、表に出てきただけなのです。

こういった現象だけ見ると、確かに凶の出来事のように見えてしまいますが、長い目で見ると、人生にとって必要なことだった、と受け止められるようになると思います。

2012年12月22日からの約2600年は、人類にとっての天中殺です。

つまり、人類にとっての清算現象なのだと考えられます。

人類が欲望で生きている分だけ、もしくは誰かの幸せのために生きていない分だけ、私利私欲に走った分だけ、反動として、地球や宇宙からのしっぺ返しがあります。

すなわち、**人類はいよいよ「これからどういう生き方をしていくのか」を、本格的に試されるようになったのです。**それが、2012年12月22日からだと考えています。

そのため、これから2030年に向けて起こるさまざまな出来事は、「いまの人類の生き方や考え方を改めませんか?」という太陽系、もしくは地球からのメッセージなのかもしれません。

死と再生——何を捨てるのかをはっきりさせる

秋山　これまでもさまざまな終末予言が現れています。

でも、予言する能力者や司祭たちにとっては、予言が外れたら自殺行為です。それでも定期的に予言して、外れるたびに皆さんは「当たらなかった」と言います。

典型的なのは「ノストラダムスの大予言」です。1999年7月に空から恐怖の大王が降ってきて、人類が滅亡するという恐るべきものでした。当時僕は、そういったオカルト番組によく出ていました。

羽賀　終末予言の大全盛期ですよね（笑）。

秋山　その当時の討論番組などで僕は、「ノストラダムスの大予言は〝終末の予言〟ではなくて、〝ある種の周期〟を予言している」と言いました。

精神世界で騒がれる「予言の節目」というのは、近代文明の中で特に重要な、経済に関わっています。そして、経済というのは、人間の直観と関わっています。

株を例にすると、「あの会社に？」と思うようなところへ、莫大《ばくだい》なお金が動いてしまいます。株式経済を動かしているのは、感情や思い込み、先入観です。欲望の形と言われるものが直結して、連動して動いています。

だから、それらを外すためには、「これは何の周期だろう？」と考えることも重要でしょう。

2012年12月22日以降の現代は、宗教の世界で長く言われているところの「死と再生の時期」です。

「死と再生」は、世界中のあらゆる宗教の根幹にあるもので、なぜそういった儀礼を繰り返すのかというと、**「捨てるものをはっきりさせる」ためです。**

人間は常に欲望に向かって生きているから、それが暴走するたびに当初の目的から少しずつ外れていきます。そのことに気がつかなくなって、そのうち崖から落ちてしまうのです。

ヒヨコは動物としての本能が残っているから、机の上に置くと縁《ふち》で止まります。

机の上を歩き回るけど、縁に来ると危ないという経験がないのにちゃんと止まります。

でも、人間の赤ちゃんを机の縁に置くと、ドンと落ちてしまうのです。

人間は文明に甘えすぎて、欲望が入りこんで大変な状況に陥っていたり、危険なことが見えなくなっているわけです。

でも人間の奥底にあるもの、それを神性と呼ぶのか、あるいは潜在意識とか集合無意識と呼んでもいいと思いますが、そういう奥底にある本当の自分というものが、定期的に「余分な部分はどこか？　それを断ち切れ」と指示しています。

だから常日頃、「自分にはここが大事で、これが楽しい。心が広がって、心地いいことはこれだ」という本物の心地よさをつかんでいかないとわかりません。

それをはっきりさせるのが「死と再生」だと思っています。

重要なのは、**こういった大切な時期に突入したときに「何を捨てるのか」をはっきりさせること。消去法をはっきりさせることでしょう。**

「心の断食」が始まった

秋山　ここ10年くらいで「プラスに考えれば、プラスの現象を引き寄せられる」というポジティブシンキングが浸透してきました。それを実行するためのイメージングや、本当の意味でのポジティブシンキングを極めるにはコツがいると思いますけど、プラスに考えることの情報は語り尽くされているし、出尽くしています。

一方で、僕のところに相談に来る方々は、「何が不幸かわからない、何がダメなのかわからない、何が欲望かもわからない、だから何をしたらいいかわからない」とおっしゃいます。

ポジティブシンキングの本をさんざん読んだ方が僕のところに来て、「先生、わたしは何をしたらいいかわからないんですけれど……」と言われても困るんです（笑）。

だったら何もしないで1カ月くらい断食して、ふらふらになったところで「やっぱり水が飲みたい」「美味しいバナナを1本食べたい」と心の底から湧いてくるような、その人なりの幸せの原点、幸福の原点に戻るときが現代なのだと思います。

「心の断食」が始まったというわけです。

いまの若い人たちは、「心の断食」においてはすごく頑張っていると思います。

羽賀　それはどういう意味でしょうか？

秋山　いまの若い人は、本当に大変だと思いますよ。僕の青春時代はバブル景気の真っ盛りで、社会全体が好景気でしたから、頑張れば、世界征服もできそうなほどの勢いがあったわけです。

でもいまは、オギャーと生まれた瞬間に、「不況だ不況だ、未来はどうなるかわからない、ほら戦争が始まった」。こういう情報が渦巻く時代ですから、いまの若い人たちは大変な修験道をやっていると思っています。

羽賀　なるほど。

秋山　一方で、今日の日本経済新聞には「ボーナス過去最高」と出ていましたが、商売をやっている人たちは、原材料は値上がりするし、「消費が減った、皆さんお金を使わなくなった」とすごく悩んでいるわけです。

高額商品はいまも売れ続けていますが、それを買うのは僕たちのような世代ですし、僕らの世代は、「バブルの匂いをもう一度」と思っています。

反対に、若い人たちはすごく謙虚です。でも、消費をしないで謙虚に貯《た》めているだけでは経済が回らなくなるから、社会的には貯金は役に立ちません。

だからお金は、本当に難しい審神者《さにわ》をしなければいけないものなのです。

もう一つ、若い人たちの重荷になっているのは、奨学金の問題です。

大学がいまやどんどん豪華なビルになってしまって、これを言うと怒られるかもしれませんが、その裏にあるのが奨学金です。

昔は親に「ごめんなさい、大学に行かせてください」と頭を下げて学費を出してもらっていましたが、いまは親に払う力がなくて、学生たちに奨学金というとんでもない借金が課せられています。

そうすると、30代半ばくらいまで100万円単位のお金を返済し続けなければいけないから、かんたんに会社を辞めることはできません。結婚も難しくなってくるし、本当に大変な状況です。もしもネットワークビジネスやビットコインに出資したりで、失敗したらもうアウトです。

だから、すごく研ぎ澄まされた過敏な時代、きつい時代です。

天中殺の本当の意味

羽賀　先ほど「天中殺」についてお話ししました。天中殺とは一般的に「運の悪い期間」とされ、算命学や四柱推命などの本でも、「天中殺のときには、新しいことを始めたらいけない、あれもこれも気をつけなさい」などと、やってはいけないことばかり書かれています。

でも私は、「天中殺の時期に留学しても大丈夫だし、転職しても大丈夫です」と言っています。

ただ気をつけないといけないことがあって、「自分の欲望だけで、自己中心性で始めたことは、やがて手放すことになりますよ」ともお伝えしています。

例えば、天中殺のときに、単にお金儲《かねもう》けしたいと思って何かを始めたとします。そして一回はうまくいったとしても、天中殺が終わったら、そのお金は出て行ってしまいます。もしくは、空回りだけで終わってしまうでしょう。

実際に、「天中殺の期間に欲望だけで始めたことが、結果的にうまくいきませんでした」とおっしゃる方は、占い鑑定に来られるお客様の中にもかなりいらっしゃいます。

「2015年頃から人類全体が天中殺に入った」とすると、人間の欲望というものが原動力にならなくなってきているのではと思えます。

象徴的なのが、現代に現れている天才たちです。野球で言うと大谷翔平《おおたにしょうへい》選手、将棋では藤井聡太《ふじいそうた》竜王・名人、ボクシングの井上尚弥《いのうえなおや》さんなど、皆さんびっくりするくらい無垢《むく》です。

先日たまたま動画を見ていて、千葉ロッテマリーンズの佐々木朗希《ささきろうき》投手が、トレードが決まった先輩に対して、「先輩行かないで」って涙を流しているんですね。なんて心が純粋なんだと思いましたし、彼には人間のよさがとても溢《あふ》れています。

一昔前の、それこそ昭和のプロ野球の天才たちは、とんでもないエピソードがてんこ盛りです。野球で儲けたお金を使って株式投資や不動産投資をしたり、「その結果、失敗しました」みたいな話がごろごろしていて、バブル景気という背景や時代観もあったとは思いますが、そんな話を聞くたびにがっかりしたものです。

私は1983年生まれで、バブル期は1990年初頭には終わったと言われていますが、私が10歳くらいまではまだ少しは残っていたように感じます。

だから、その欲望みたいなものを原動力にしながら、いい学校に入って、一流の会社に就職するという感覚が、若干残っている世代です。

でも、私たちの会社にいる20代のスタッフたちには「なんて無欲なんだ」と思わされることが多くて驚いています（笑）。


いったい若い彼らは「何を原動力にしているのか」というと、「より楽しく働きたい」とか、「仲間と一緒に何かしたい」「世のため人のために生きたい」という利他性です。

「奉仕、貢献」が原動力になっている若者たちがいることは、時代の変化として感じています。

秋山先生が先ほどおっしゃったように、**「私たちは何を捨てなければならないのか」「どういう方向に意識をシフトチェンジしないといけないのか」**を問うことは、とても重要なことだと感じます。

「凶」という字の本当の意味

秋山　僕はバブル世代で、彼らを擁護《ようご》するわけではありませんが、有名なスポーツ選手たちが投機にまみれていったのは、だましに来る人たちもまた、たくさんいたからです。でも、いまの若い人たちは、そういった単純なものに以前ほど乗らなくなってきましたね。

「人間の欲」という問題は、宗教の中で長く言われてきましたが、「欲望」と「希望」はどう違うのか？　「望み」と「欲」は、どう違うのか？

「欲という概念」のとらえ直しが必要だし、「欲という概念の一番の問題は何なのか？」

これに気がつかないと、欲は捨てられません。

漢字を例にしてお話しすると、日本の漢字は形が大事なのです。

例えば、凶という漢字は、三方向が壁に囲まれていますね。逃げ場が一方向だけです。

成功哲学で有名なジョセフ・マーフィー博士が、ピラミッドの4面の意味を本に書いています。東の面が考えること、思考することで、南の側が感情だそうで、古代秘儀ではそういうものが伝わっているのだと。

羽賀　ピラミッドの縦のラインが直観・霊感と感情で、横が？

秋山　思考と感覚です。凶という漢字をピラミッドに当てはめてみると、3つだけではどうにもならなくなる。

羽賀　凶というのはそういう状態なのですね。

秋山　凶という字は面白いですよ。大事なのは上の部分です。方位では北に相当します。これが霊感、または直観を意味します。直観の「観」は、「鳥にのって俯瞰《ふかん》的に見る」という意味です。

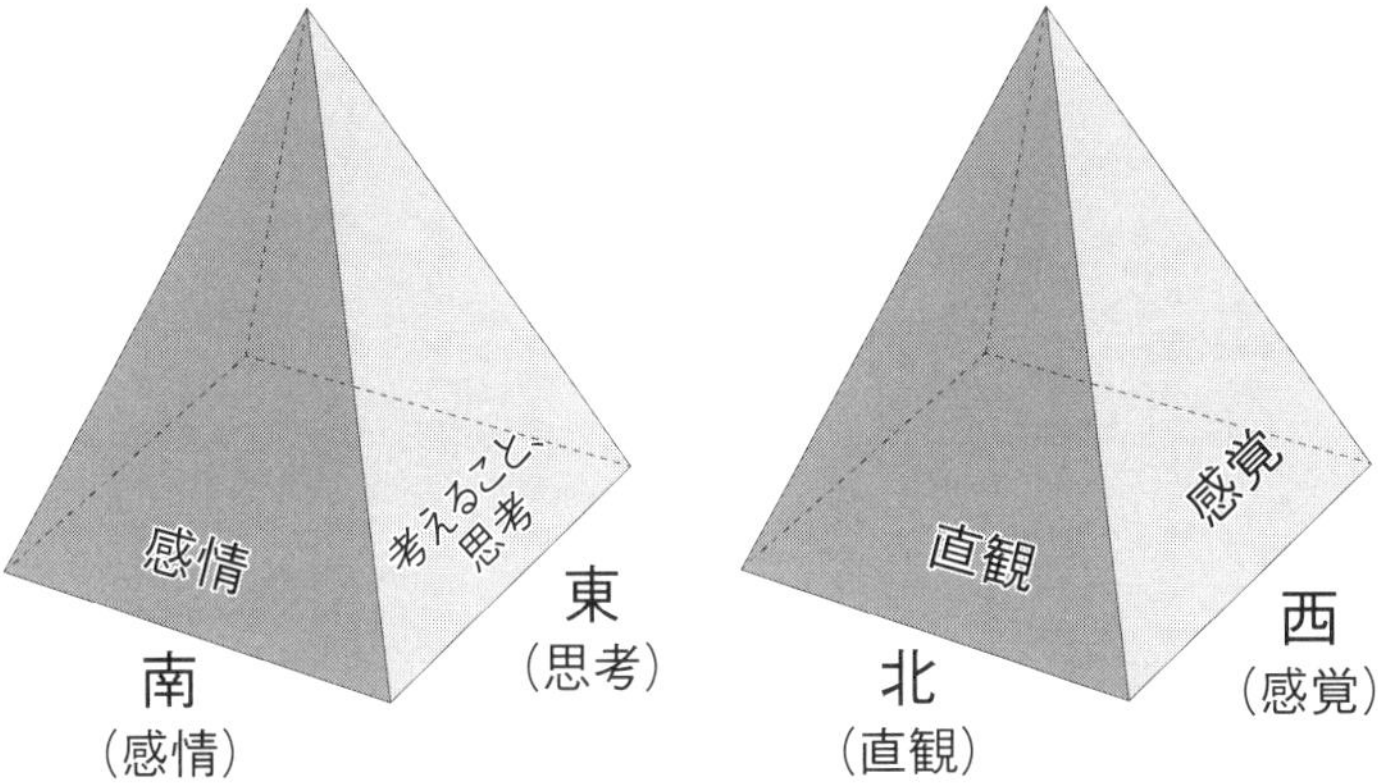

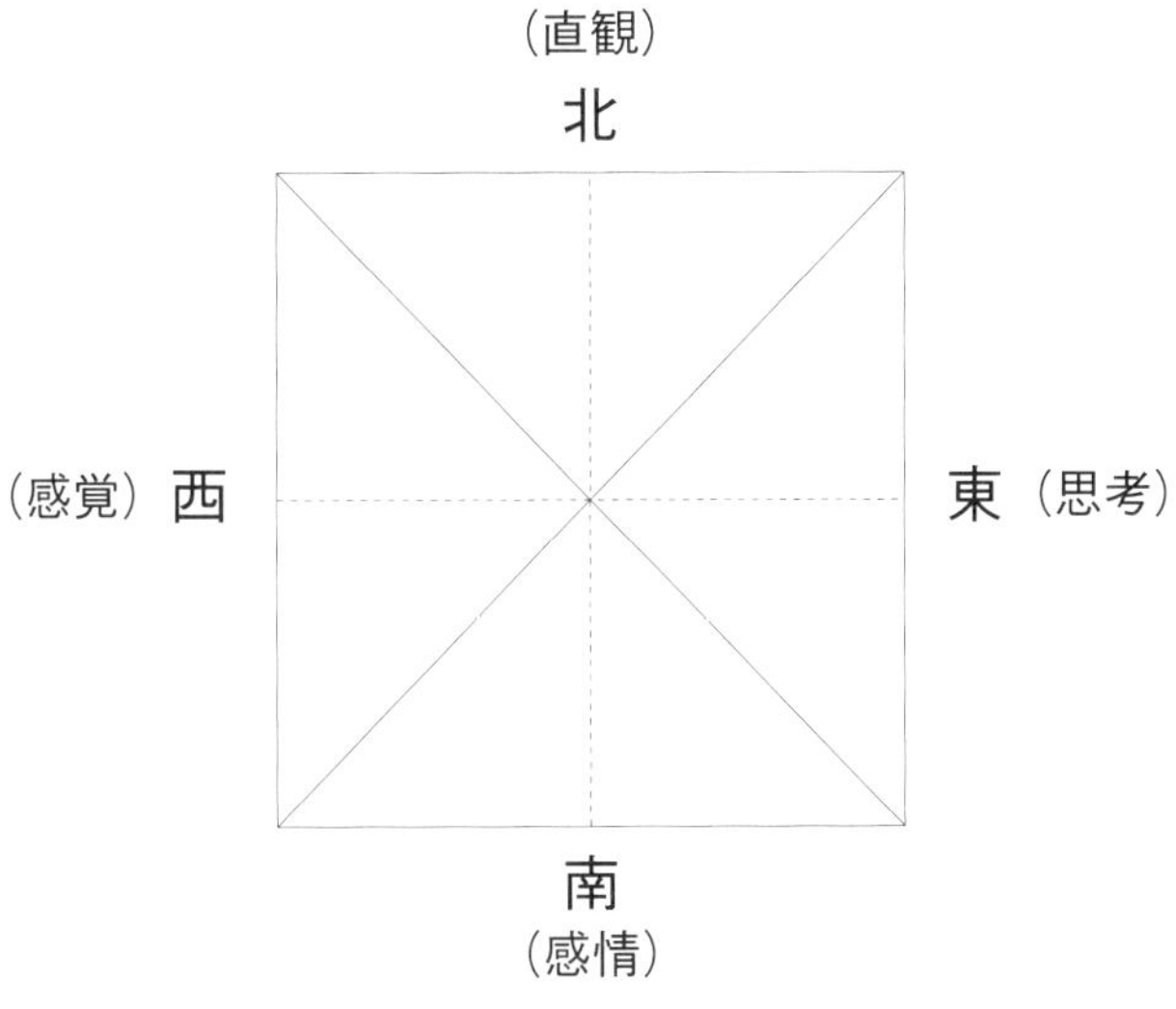

※ピラミッドを上から見た図

単に「見る」のではないし、単に「感じる」のでもない。鳥にのって俯瞰的に見る。

そして霊に対して心を開いて、見えない世界にまっすぐに心を開く。


現代は情報が多すぎて、誰かが言ったことやネットの情報をすぐに信じてしまうので、その人がどういう表情で言ったり書いているのかを顧《かえり》みることがありません。

もしくは「この人の意見は間違っている」などと一度決めつけてしまうと、一切を遮《しゃ》断《だん》してしまって、行き過ぎた批判主義になります。

こういったものの見方をしていると、感覚が滅茶苦茶になってしまうので、情報の海の中に漂うしかなくなります。


「何を取捨選択するのか」を、感じれば感じるほどわからなくなるし、感情は暴走しやすいのです。

考えることは大切だけど、「何のために考えるのか」をどんどん忘れていくことが常態化しています。

こういう時代に必要なことは、「俯瞰的に見る」ことだったり、「直観」なのです。

凶という漢字は、このことが重要だと伝えているように思います。

凶という字そのものが与えている「悪い」という意味ではなくて、本質的には「俯瞰する」「直観」という意味を、古代の人たちは伝えようとしたのでしょう。

反対に「吉」という字は、「もののふ」に口と書きますが、霊的な感性とまっすぐにバランスをとってつながって、言葉に伴わせる働きがある。

つまり「いいものを人に説こう」、かつ「人の批判だけで埋没するのはやめよう」。

こういったことを明確に示している気がします。

昔の霊能者は漢字の形にこだわったものですが、現在一般に言われている吉凶というのは、話にならない気がします。

羽賀　**「凶の状態」を抜け出すための鍵が「直観」、もしくは「霊感」なのですね。**面白いです。

いかに霊感と直観を磨くか

羽賀　これからの時代、大終末を超える私たちにとって、おそらく多くの方が、思い通りにならないことに直面するでしょう。

でも、人生うまくいかないなとか、思い通りにならないなという体験は、実は重要なことです。

そもそも現代人は「思い通りにいくことがよき道で、思い通りにならないことが凶だ」という、思い込みがあります。

でも、思い通りにならないことは、人生には必ずあるわけです。

例えば、子育てがそうです。子育てというのは、思い通りにならない典型的なものの一つでしょう。もしも自分の子どもが親の思った通りに育つとしたら、何かがおかしくなると思います（笑）。

人生も同じで「望んだことはすべて叶《かな》いました」が理想だと思われていますし、実際に精神世界で、そういった人生を目指そうとしている部分はあるでしょう。

しかし、**宗教的な知恵や、精神世界の本当の叡智《えいち》とは、人生が思い通りにならないときに、どうやって乗り越えていこうかというもので、それこそが、精神世界や宗教の真髄であり、奥義《おうぎ》だと思っています。**

秋山　まさしくその通り。

羽賀　その**知恵の源泉となるのは、霊感、直観**だと、北極老人から教わりました。

私が北極老人と出会って、「これから占いをやっていこう」と決めたときに、最初に師匠から言われたのが、占いをやっていく上で最も大切なことは、〝いかに直観を磨くか〟だということでした。

秋山　本当にそうです。北極老人はすごいですね。「いかに霊感、直観を磨くか」という問題を、自分にも突きつけたり、周りを眺めながら考えてきました。

縦軸である「感情」と「霊感」は、ある意味、逆方向です。感情はへたをすると思い込みが強くなって、それに沿った情報しか集まらなくなってしまいます。

そしてそれを「霊感」だと信じ込んでしまう。

欲望とはそういうものだと思います。だから「主観的欲望」と「霊感」は正反対で、天使と悪魔ほど違います。だけど、主観的欲望をちゃんととらえて、親しんで、かみ砕いて、その果てでないと本当の霊感は降ってきません。

だから霊感を求めれば、必ずバランスがとれてくると思います。

上質な霊感を求めること

秋山　かつて中国の気功を勉強しに行ったとき、道教の師匠に教わったことがあります。

それは感情についてです。「何事も淡く楽しむんだよ」「意念淡泊だよ」と常に師匠に言われました。

日々の暮らしの中で、道端のたんぽぽがきれいだね、廊下がぴかぴかだときれいだねという小さな喜びをたくさんつくる。また、人から何か悪いことを言われても、「あはは」と笑ってみたり、「すみませんでした」と謝ってみる。そうすると、自分の感情はそれほどこじれません。

ところが相手から何かを言われたときに、そのすべてを呑み込んでしまうと、共鳴してしまって相手の感情と同じになってしまいます。

そうなると、悪感情を断ち切れなくなって霊感が鈍り、自分の曲がった感情を擁護《ようご》する感覚しかとらえられなくなってしまうのです。

感覚というのは、情報のとらえ方です。

自分の感情がスプーンのようにねじ曲がってしまうと、もう霊感が何かさえ、さっぱりわからなくなってしまいます。

僕はいままで、「私は霊感が優れている」と自負するような人にたくさんお会いしました。しかしそんな人が、舌の根が乾かないうちに他の異なる考え方や他の宗教、他人の悪口を話し出して止まらなくなるのです。この人は悪口を楽しんでいると思えるほど、もう何時間も（笑）。

「上質な霊感を求めること」は重要です。

でも現世では、欲を呑んで生きていかなければならないことが、山のようにあります。会社の上司や社長、取引先の言うことが理不尽であったとしても、従わなければいけなかったり……。

そうすると自分がすさんできて、家に帰って机を蹴っ飛ばしてしまったり。その姿を見た恋人に、「あなたおかしいわよ」と言われても、「何がわかるんだよ」となって余計にこじれていきます。

逃げ道が閉じてしまって、すべてがわからなくなってしまうことがあるのは、昔の人も同じだったのではないかと思います。

日常の生活の中には、いろいろな罠《わな》が渦巻いているのです。

直観と霊感の磨き方

羽賀　占い師になると決めて、師匠の北極老人から占いを教わり始めたとき、私は「一生懸命勉強すれば、いい占い師になれる」と思っていました。

「北極老人は相手の名前を見ただけで、その人の性格や人生すべてがわかってしまうほどすごい知識を持っているから、私もたくさん勉強しよう」と思って、多くの占いの本を読みました。「占いは知識だ」と思っていたんですね。

その後しばらく勉強を続けて、何年かして「あ、違うな」と気がつきました。

北極老人が人の名前を見て性格を当てたのも、本には載っていないことだと、気がついたからです。

例えば、手相の占い。手のひらにはたくさんの線があって、その知識はすべて本に書いてありますが、それらを丸暗記したら、しっかりアドバイスできるようになるのか？というと、そうではありません。

手相は、いかに相手の幸せを祈り、かつ、実践的にあらゆる人の手相を観るのが重要です。

でも、それだけで手相が観られるようになるかというと、そう簡単ではなくて。まさに「感情のコントロール」と「霊感、直観をいかに磨くか」が不可欠なのです。

手相は、知識と感覚、どちらも身につけて初めて観ることができるのです。

自分の感情が乱れていると、まともに観ることはできません。

なので、いかに感情をコントロールし、霊感、直観を磨くかという修行が大事だと北極老人から教わってきました。

では、どうやって霊感、直観を磨くのか。私の行った修行は、掃除でした。「下座行《げざぎょう》」とも言います。

北極老人が塾長の「大学受験塾ミスターステップアップ」に入った私は、卒業した後、アルバイトもやっていて、一番初めに師匠から任されたのが、塾の掃除でした。修行というか、バイトなのですが（笑）。

北極老人は、いつも塾が清浄な空間であるように、掃除を大切にされていましたから、私も見様見真似《みようみまね》で「空間の空気を整える」ことを意識しながら、毎日2時間くらいかけて掃除しました。

塾生たちは、進路のこと、勉強のこと、他にも恋愛、親子、友人関係……思春期にありがちな、いろいろな悩みを抱えてやってきます。掃除をさせていただくことで、それらの悩みが祓《はら》い清められるようにイメージするんです。

そうして空間を、祈りながら、整えるように掃除をしていくと、塾生のいなくなった部屋全体がすーっと澄み切ったような空気に変わっていくのです。

授業の始まるときにはざわざわしていたけど、掃除が終わって「ああ、いい空気になったなあ」と思っていると師匠が来られて、「いい空気だね」と言っていただく。

私も自分の感覚が合っていたんだなと実感することができたし、塾の掃除をすることによって、「自分の感情を整える」ことや、「空間を整える」という修行にもなっていたと思います。

これからの時代のテーマは、直観力を磨いていくこと

羽賀　感情や空間を整えるという感覚は、古代の日本人にはあったと思います。

典型的なのが、機織《はたお》りです。「鶴の恩返し」という昔話がありますが、昔の女性は機織りをしていましたよね。私は機織りをやったことはありませんが、想像する限り、ち

ょっとでも心が乱れると模様が乱れてしまう……。

秋山　本当にそうです。僕は機織りをやったことがありますが、仕上がった織物の乱れている個所を見ると、「ここであんなことを思っていたなぁ」ということがよくわかります。

羽賀　古事記の神話で、ワカヒルメノミコトという神様がいます。「ヒルメ」というのは天照大御神《あまてらすおおみかみ》のことなので、若き天照大御神は女神様になるための修行として機織りをしていたわけです。

男神は牛飼い、牽牛《けんぎゅう》（彦星《ひこぼし》）ですよね。女性は「織女《しょくじょ》」と言いますが、そういった男女で違う感情をコントロールするための修行を経て、霊感、直観力を磨いていたのだと思います。

秋山　なるほどねえ。

羽賀　もう一つ霊感、直観に関して、師匠の北極老人から教わったのは、「体づくりが大切」ということです。

「感じる力」とは「思考の力」ではなくて、結局「体の力」です。

そのために「心にも、体にもいいものを感謝していただく」ということが大切だと教わりました。そんな教えを受けた私たちは、「御食事ゆにわ」という飲食店をスタートさせたのです。

学習塾が「頭をつくっていく仕事」であれば、飲食店は「腹や腸、胃をつくっていく仕事」です。

「食」という字は、一番上に「たれ」があって、そして「良い」という字を書きますね。なので「人が良い」になります。

秋山　字に本質が表れていますね。

羽賀　「直観力を磨いていく」ことは、これからの時代のテーマだと考えています。

秋山　お掃除は、自分を知る日常的なダウジングですよ。

一般的にダウジングは、振り子（ペンデュラム）の動きで物事を判断する、または水脈や鉱脈を発見する技術だと思われていますが、ダウジングのプロになってくると、道具はいらなくなってきます。

例えば、紙の上を親指の外側で軽く触れるか、こすりながら質問していきます。そうすると、自分の直観が乱れるときに、ひっかかりが起きたり、うまくいかなかったりするのです。

羽賀　皮膚感覚ですね。ＵＦＯ研究家のジョージ・アダムスキーはそれを触覚静電気と呼びました。

秋山　その感覚は、お掃除で一番磨くことができます。お掃除しているときに、空間の匂いが時系列的に変わっていくのがよくわかります。
自分が高まっていくと、自分の体が空間を変えてしまうわけです。それがわかります。
「お掃除しなさい」という言葉には、よい印象がないものですが、本当は違います。
お掃除は、自分のためにしかならないものです。

羽賀　そうですね。

師匠の霊感までとらえる

秋山　学問の世界ではへたをすると、批判することが愛情だと教育されます。
大学や博士課程に行っても、それは当たり前です。ある意味、批判されて恥をかくというのは、厳しい修験道でもありますが、それはそれで意味があるのでしょう。

羽賀　確かに昭和世代の言論人は、私たちの世代では信じられないほど激しい喧嘩をしますね。精神世界でも学問の世界でも、政治の世界でも、皆さん口汚く罵《のの》し合っています（笑）。

秋山　昔は襟首《えりくび》つかみ合っての殴り合いです。問題は、どこまで殴り合おうが、批判をしようが、罵り合おうが、思考する世界は、学ぶは「まねぶ」で、誰かが言ったことや書いたことを学習するしかありません。

そこから「何がわかったか」と考えるのが思考ですが、それではいつまでたっても、誰かが言ったことと同じです。

僕は羽賀さんがすごく立派だなあと思うのは、師匠の北極老人をつねに称《たた》えていらっしゃることです。非常に気持ちがいいです。

精神世界では、「うちの師匠なんてダメですよ」「あの団体はポンコツで」などと言う人が実に多くて、「師匠をどうとらえるか」というところが間違っている人が実に多いのです。

そうなったらおしまいです。師匠とは、真似する相手だけではありません。師匠の感情の使い方から感覚、思考の持ち方から、師匠の霊感まで全部とらえなければ「師匠のことがわかった」とは言えないし、弟子だとも言えないでしょう。

宗教的な世界の師弟関係を大切にすることは、大切なことです。

僕はある神道の有名な方と仲良くさせていただいて、あることを言われてハッとしたことがあります。

「秋山君ね、君はやっぱり荒野の野良犬なんだよ」

「僕たちは国が認める宗教法人だ。君と僕はそこに違いがある」

その方は神社の宮司さんで、宗教法人、単立宗教法人の方でした。

「でも僕と君との違いを権威主義によるものだとか、逆に自分たちが荒野の野良犬だからと卑下《ひげ》したり、何を言ってもいいと思い込んだり、間違った陰謀論のようなものを激しく信じ込んだり、そこにいくことは警戒しなさいよ」

当時の僕は20歳くらいで若かったし、その言葉の意味なんかさっぱりわかりませんでしたけど、いまは全身が痛むほどよくわかります。

その先生はすでに亡くなりましたけど、先生があえて僕みたいな跳ね返りの若者に「きっと意味はわからないだろうけど、ここで言い残しておいてあげないと、こいつは将来大変なことになる」と思ったのでしょうね。

僕はそれから6年後に「TVタックル」という超常現象を紹介するテレビ番組に出演しました。

そのときに、心霊現象の反対派と喧嘩して、番組中にマイクを叩《たた》きつけて帰ってしまったことがあります（笑）。

それくらい激しい人間だったから、心を整えるなどとは思わなかったし、目指そうとも思いませんでした。でもいまは、やっぱりすごく大事なことだと思っています。

一番大切な「人としての在り方」

秋山　心を穏やかにしてみようと思って、しかもなるべく短時間で瞬時に穏やかにするにはどうしたらいいのか、いろいろな方法を試してみました。

ある程度の道筋がわかってくると、穏やかになったとたんに、人の違和感や、人の根本にある優しさ、また、いいところや悪いところがすべてわかるようになってきます。瞬時にわかります。

「この人に、どうしてさしあげたらいいかな」と考えると、自然に涙するくらい自分にないものを見つけて、慈悲心が湧いてきて、それがまた喜びになるわけです。

少しずつそういった人と接する循環がわかってきて、自分が嬉《うれ》しくなってくるのです。

実は僕はいろいろな方に、「YouTubeに出ませんか？」と言われても、昔はすべて断っていました。僕自身が霊能者ということもあって、警戒心が強かったからです。

でも、羽賀さんとのYouTubeに出させていただいたのは、世代も違う羽賀さんに対して感じるものがあったからです。

その一つが、羽賀さんが師匠の悪口を言わないことでした。

もちろん長く一緒にいるといろいろあったでしょうし、お互いの考え方の違いが出てきたこともあったかもしれません。師匠もそれを許容したでしょうし。

それでも北極老人が、若い羽賀さんをここまで導いたということは、本当に素晴らしいことだなと思っています。

この間、大阪府枚方市《ひらかたし》楠葉《くずは》の羽賀さんの会社に呼んでいただいて、すごく楽しかったです。皆さん、研ぎ澄まされた感覚で、自分の持ち場を全《まっと》うされていらっしゃるのを感じました。

いままで精神世界の集まりに数多く参加してきましたが、言いづらいことですが、違和感を覚えることが多かったのです。

でもこの間は、久しぶりに原点に立ち返りたいものが見えました。逆に言うと、僕はいままでそういうところにたどり着けなかった人間です。

羽賀　秋山先生も、ユリ・ゲラーさんのことは絶対悪くは言いませんよね。

おそらく秋山先生の少年時代にとってのユリ・ゲラーさんは、師匠であり、憧れの対象だったのだろうなというのは感じられます。

やっぱり**「人としての在り方」が一番大切なのだと思います。**

知識ではありません。

例えば、学校の先生が道徳の授業で「悪いことはしてはいけません」「いいですか、人のことを馬鹿にしてはいけませんよ」と言いながら、一方で、いじめは容認していることがあるわけです。

秋山　そうですよ。子どもたちだって漫才でひっぱたき合いを見て笑うわけです。

マスコミは芸の一種だと言いますが、やっぱりそれは歪《ゆが》んでいると思います。

もっと面白い人の笑わせ方があると思うし、実際、そんなお笑いを実践していらっしゃる漫才師の方もたくさんおられます。

羽賀　子どもたちは、道徳の内容ではなくて、その先生を見て、学んでいるわけです。だから結局、伝えている知識や内容ではなくて、「人としての在り方」が大切です。この根本原理に、日本人や世界の人たちが立ち返らないと、この先の未来はよくなりようがありません。

秋山　楠葉に伺ったとき、「北極老人ってどんな人?」ってみんなにこっそり聞いたり、羽賀さんに聞いたら、進学塾なのに北極老人が愛情をこめた手料理をつくってくれたりして、「いままでそんな先生を見たことなかった」と伺って、僕もそんな先生がいたら、心から慕っていたと思います。

師から学ぶ感情と霊感の世界

秋山　僕は心の師と思える人に5、6人は出会いましたが、どの先生もすごくよくしてくれました。どんな立場であっても優しかったです。

「ヤングジャンプ」を創設した角南攻《すなみおさむ》さんという名編集長がいました。漫画家の永井《なが い》豪《ごう》さんを育てた方です。ジャーナリズムのトップまで行った人で、権力に媚《こ》びないし、言いたい放題の人でしたけど、若い我々をとっても大事にしてくれました。

個性的な方でしたから、組織からは嫌われていたかもしれませんが、生涯おやじ代わりだと思っていました。だから亡くなられたときは本当に悲しかったですね。

羽賀　結局、私は人から学んでいます。何よりも北極老人の姿を見て、学んでいます。もちろん北極老人から教わった神道の知識や、占いの知識はありますが、こういう空気感で占えばいい、こういう姿勢で占っていく、というものを学ばせていただいたと思います。

西洋の個人主義的な価値観では、師匠がいるのがよくない、という風潮もあります。つまり、個人で成功するのがよいことだ、個人で能力を磨くのが優れているんだというような価値観が明治から始まって、昭和で加速して、平成でさらにスピードを増したと感じます。

例えばいまの YouTuber たちを見ても、個人の才能で活躍している人たちばかりです。学ぶべき師匠もいない様子です。

これは本当に危険なことではないかと思います。

秋山　YouTube の世界においても、自分の吐いた唾《つば》は自分に返ってきます。下剋上《げこくじょう》として大変ですよ。逆に言えば、大変な世界でみんなお金を稼いでいるんだなと思っています。

羽賀　精神世界の方と関わるときもそうですが、この人にとってのアイデンティティは何なのだろうか、といつも感じます。

「私にとっての精神的バックボーンはキリスト教です」とか、「こういう師匠がいます」と言われればわかりますが、そういったバックボーンがない方は、私にはグレイ宇宙人に見えるわけです（笑）。

「いったいあなたは何者なの」と（笑）。いまはたまたまうまくいっているかもしれないけれど、「何のアイデンティティに基づいて、あなたはそのメッセージを発信しているの？」と思ってしまいます。

秋山　僕の講演会でまれに質問してくる方の中には、なんか首を振りながら「秋山さんの言ったこの言葉はここがおかしくて、だから間違っています。はい終わり」という人もいます。

だから「今日あなたは僕の講演で、何を聞きましたか?」「あなたはその間違いを指摘することで何がわかりましたか?」「その間違いを、別の人が間違えないように言葉で伝えるとしたら、あなたはどんなふうに教えますか? それを僕にも教えていただけませんか?」とお伝えすると、答えられる人が本当に少なくなっています。やっぱりこのあたりが問題点です。

人の言葉をウィキペディアで調べて、それだけが正しいと思う「ウィキペディア教」になってしまっています。でもそのウィキペディアも、いま経営難ですから(笑)。

全人間の霊感というのは馬鹿にはなっていないと思いますが、情報はいつまでたっても……。

羽賀 思考の世界であり、感覚の世界ですね。

秋山 ウィキペディア情報でしかないし、感情と霊感の世界を教えてくれるのはやっぱり……。

羽賀　人ですね。

秋山　第一感で、「この人は佇《たたず》まいがすごい」「あ、この人は違うなー」という人に出会えるといいですね。

羽賀　この大変革の時代において、霊感、直観を磨いていくことが、これからの時代の一つの鍵になっていくと思います。

第2章

終末予言とグレイ系宇宙人

ユリ・ゲラーとの出会いについて

秋山　僕が初めてユリ・ゲラーに会ったのは1974年で、彼が日本のテレビ番組に出演するために来日したときです。ユリ・ゲラーはスプーン曲げで、一躍有名になった超能力者です。

彼はめちゃくちゃエネルギッシュで、とにかく明るい。スプーンを曲げた直後に「これで核爆弾も曲げてやる」と言って（笑）、ちょっとアナーキーでかっこよかったですね。

ユリ・ゲラーが自分のスプーン曲げについて「子どもたちが未来をつくっていくのだから、絶対に見て」「心の力はモノを超えるから、スプーンが曲がるのをちゃんと見て」と言って、みんなに見せて歩いていました。

僕はそのキッズの一人だったわけで、ユリの言うことは、それはもうイナズマのように心を打ちました（笑）。

以来**「心はモノを超える」**。その一点だけに生きてきましたから。

ユリの言葉に出会ったことで、僕の人生は一変しました。

羽賀　単なる超常現象を見ただけではなくて……。

秋山　いまでもそれは大きいです。その後人生でたいへんだと思ったときでも、ユリの言葉が励みになりました。

何年か前にユリに久しぶりに会ったら、「秋山大きくなったな。前は小さかったのに」と言われて大笑いしました（笑）。

だから僕も後輩たちには、「頑張れや」と言いたいのです。中には食ってかかってくる者もいるし、考え方の違う者もいるけれど、僕は明るくしていたい。そんな姿を見せていたいと思います。

精神世界はエキセントリックな人しかいないとか、未来を暗く見る人しかいないと思われたら、後輩の若い連中が歪んでしまうと思いますし、誰も入ってこなくなります。

グレイ系宇宙人と、感情、感性、霊感の劣化について

羽賀　第1章では直観力を磨いていくことが大切だとお伝えしましたが、ここからは、感性や感情の磨き方についてお話ししたいと思います。

先ほど「グレイ系宇宙人」という言葉を使いましたが、「グレイ系宇宙人とは何か？」というと、**「感情、感性、霊感が劣化した人間」**のことを、私は総称してグレイ系宇宙人と言っています。

ニューエイジの世界では、かつてゼータレティクル星人という宇宙人がいて、地球が核戦争で滅んでしまって地上には住めなくなったので、彼らは地下に住み始めたと言わ

れています。

日の光が当たらない世界で生きていかなければならないから、頭が大きくなって、自分で繁殖する形になったというのが、新世界におけるグレイ系宇宙人の定義だと考えられています。

実は現代でも、グレイ系宇宙人の流れを継いでいる人間がいるのではないかと思っています。その特徴が「感情、感性、霊感が劣化した人間」です。

感情、感性とは、痛みを感じる力から生じるものです。

それは日本の四季からも感じられます。

かつて古代人たちは、雨が降ってきたら「ありがたい」「恵みの雨だ」と思ったものですが、現代人は「面倒くさいな、しんどいな」となってしまいます。

暑さに関しても、少し前までは家庭にもエアコンはありませんでしたし、夏は暑いのが当たり前でした。

そうやってある種の痛みを感じることによって、ありがたみを感じることができるようになります。それは農作物のありがたみや、自分を支えてくれる人たちのありがたみです。痛みを感じるからこそ、目の前で苦しんでいる人がいたら、「助けよう」と思えます。

人のことを助けようと思う心、感性、感情というのは、本来人間に備わっているはずですが、安心・安全・便利・快適な暮らしになればなるほど、暑さ寒さや痛みなど、秋山先生がおっしゃった「触覚的に感じる」ということが減ってきています。

感性や感情が希薄になっていくことが、結果的に、グレイ系宇宙人のようになることとつながってくるのです。

しかし一方で、痛みを感じないほうが、ビジネスにおいてはうまくいく場合もあります。これは、ちゃんと立ち止まって考えるべき点です。

例えば、私の知り合いにＦＸトレーダーの方がいて、毎月何百万円、何千万円も稼いでいます。全員がそうだとは言いませんが、トレーディングの世界で功利的にいかに勝つかということばかり考えていると、それに特化された能力は磨かれても、人間としてはどうなのか――。

人の心の痛みを感じたり、人間の感情の機微を感じることに関しては、残念ながら劣化している方が、けっこういらっしゃいます。

特にネットビジネスの世界、オンラインを使った世界にいる方に見られる傾向です。簡単に言うと、「楽して稼げる」世界です。

エアコンがガンガンに効いた室内で、安心・安全・便利・快適な環境の中にいると、人の痛みを感じることがないし、人と関わることもなくなります。

そういう人たちが増えていくとどうなるか。人と人とが助け合わなくなっていくのです。私は、これが危機だと思っています。

そのことを象徴的に描いているのが、仮想空間が舞台の映画『マトリックス』です。

人々は、肉体はあっても眠っている状態で、バーチャル空間の中で快適に暮らしています。

そこにはエージェント・スミスという敵キャラがいるのですが、彼はまったく感情を持たなくて、感性も持たない、人の痛みがわからない存在です。

人類は、みんなエージェント・スミスに意識がのっとられてしまい、たった一人残った主人公が、エージェント・スミスと戦うというストーリーです。

これはある種、人類の未来を予見する映画だと考えています。

人類は、地獄の釜の蓋を開いてしまったのか？

羽賀　秋山先生は、グレイ系宇宙人や『マトリックス』の世界についてはいかがでしょうか？

秋山　予言や大終末に関わっていると思います。

精神世界では昔から、どのように人類は終末を迎えるだろうか、というネガティブなストーリーが流行《はや》りました。

1960年代に流行ったのは、地軸のジャンプです。地球がひっくり返ってしまうと言われました。

羽賀　ポールシフトですか？

秋山　はい、ポールシフトです。地球の自転軸がズレたり、南北の磁極が逆転してしまうことです。

磁極が反転してしまうと、人間が空に飛んでいってしまうとか、50メートルの巨大津波に呑み込まれる、地球に彗星《すいせい》が飛んでくるなど、多くのビジョンがありました。

その後、天文ブームが来て、皆さんが天体に興味を持ち始めたら、「彗星が飛来する」という話が増えていって、さらには南極の氷が溶けて云々《うんぬん》、海が汚染されて酸素がなくなってしまうなど、とにかく暗い話を考え始めると、人間はいろいろなことを考えるんだなと思うくらい、たくさんの終末のビジョンが出てきました。

しかし、それまでは外側の自然現象系に何かが起こるということが主眼でしたが、最近になって出てきているのは、「われわれの精神が自己崩壊を起こす」です。

ここ数十年で、どんどん個人化していく傾向があって、感情を切り捨てて「ドライ&クールになったほうが、かっこよくね？」と、近年、特にもてはやされるようになってきました。

僕にもトレーダーの友達が何人かいますが、体育館ぐらいの広い建物に住んで、三面あるネットの画面を同時に見ていて「すごいなあ」と思います。

彼に「夕飯は何を食べているの？」と聞いたら、「ほとんどカップラーメンですね、この1年」（笑）。どう見ても、幸せそうには見えません。

きっとこの人の外側に、幸せの種がたくさんあるのでしょう。

グレイ系宇宙人もそうですが、これは一つの高度に進化した生物生存の方向性を表しているように思えます。生殖器が退化して、クローンで増えるようになってしまい、頭が3倍くらいに大きくて、「やったね、頭を進化させた」と。そして、脳の構造を中心に文明もつくりあげてしまう。

それによって感情のなくなった集団は、「右向け右」と言われたら、一斉に右を向く。「全体は一つ」という状態になり、一人の経験を全員で共有できるために、脳そのものがインターネットのような構造になっていく。そうなると、余分な感情はいらないわけです。

最終的に「我々は知識の巨大な集合体である、ここは知識である」となるでしょう。

宇宙では、グレイ系宇宙人の数が圧倒的に多いそうですが、彼らは爬虫類《はちゅうるい》から進化しています。

地球も、恐竜が自然現象で滅びなければ、グレイ系の星になっていただろうと思います。恐竜が集団主義から個人主義を学習して、どんどん個々に出ていくようになって、そうするとテレパシーで全部つながる。

「右向け、右。この星をみんなで開発するぞ。おー」と言って、星を変えてしまうとか。

「集合的無意識の世界」を潜在意識の奥底にしまうのではなくて、逆に意識化して、そのリビドーが激しく宇宙に向かって解き放たれる。

人類は、地獄の釜の蓋《ふた》を開いてしまったのでしょう。

仏教の終末予言

羽賀　仏教でも、終末論的な予言があります。

お釈迦《しゃか》様の入滅後、2000年がたつと仏教の正しい教えが伝わらなくなり、世の中が荒廃《こうはい》して争いが多くなる「末法《まっぽう》の世」を迎えると言われています。

日本では平安時代後期から、その時代に入ると信じられてきました。

「末法の世」とは、つまり「法がなくなる世の中」ということです。

釈迦

「法とは何か」というと、心の法のことで、人間の心であり、感情であり、真理の教えです。特に仏教ではそれは頭で理解するというよりは、体感、体得するものだと伝えられていました。

のちの人間にも心の法が体に残っていますが、それが失われてしまうのが「末法の世」です。そして人類は危機を迎えて、いよいよ追い込まれて絶滅寸前のところで「弥勒《みろく》の世」がやってくるというのが、仏教の予言です。

これを時代に照らし合わせると、グレイ系宇宙人のような人類が増えていくのが「末法の世」ということになります。

その流れが始まって、強くなったのが明治時代です。江戸時代は人々がもっと助け合う社会だったのではないでしょうか。

そして昭和です。戦後に欧米から個人主義、合理主義の考え方が入ってきて、より末法化しました。さらに「末法の世」へと加速させることになったのが、平成（1989年〜）から普及した携帯電話、スマートフォン、SNSではないでしょうか。

秋山　目先の「楽」と、「末永い楽生《がくせい》」は必ずしも一致しないということですね。

ノストラダムスの大予言

羽賀　今回取り上げたい人物がノストラダムスです。ノストラダムスは1503年にフランスで生まれた占星術師で、日本では1970年代に「ノストラダムスの大予言」が一大ブームになりました。

彼の予言は詩として書かれています。

そのため、ある部分は第二次世界大戦のこととも読め、ある部分は日本への原爆投下とも読め、人それぞれさまざまな解釈をしてきました。

そんな「ノストラダムスの大予言」の中で、唯一日付がはっきり書かれているものがありました。

それが「1999年の7の月」です。

1999年の7の月
天から驚くほど強力な大王がやってきて
アンゴルモアの大王を蘇らせるその前後
マルスは幸福の名のもとに支配するだろう

ノストラダムス

当時はフランス語を翻訳しているので、どこまで意味が再現されているのかは定かではありませんが、「空から恐怖の大王が来るだろう」、「恐怖の大王がやってきて、アンゴルモアを蘇らせる」

という内容に人々が大注目して、一大終末ブームとなりました。

しかし、アンゴルモアが何を意味するのか、誰もわかりませんでしたし、ノストラダムスが占星術師であったことを考えると、いまと当時の暦にはずれがあるので、1999年の7月ではなくて、1999年8月18日のことではないかという説が濃厚です。

これは占星学でいう「グランドクロス現象」のことを指している可能性もあります。グランドクロスとは黄道十二宮（太陽・月・惑星の通り道である黄道を12分割した領域）の上で「4つの惑星が十字型に並ぶ配列」を指しており、一般的には不吉な星の配置と言われています。この現象が8月18日に起こっています。

グランドクロス

ノストラダムスが占星術師であることを考えると、どうもグランドクロス現象のことを言っているのではないかという気もします。

もう一つ書かれているのが、「マルスは幸福の名のもとに支配するだろう」です。

これもさまざまな翻訳があって、マルスが支配するだろうとか、マルスが降伏するだろうなど、さまざまな表現がありますが、一つわかっていることがマルスの意味で、占星学用語で「火星」のことです。

ホロスコープの世界で火星が何を象徴するかというと、闘争・戦争です。

そして、闘争・戦争から生み出されるのが、機械文明です。

心と感情、感性の劣化

羽賀　もう一つ1999年にあった天体現象が、海王星と冥王星の入れ替わりです。

太陽系の8つの惑星、水星、金星、地球、火星、木星、土星、天王星、冥王星、海王星を、私の子どもの頃は「水金地火木土天冥海」と教わりましたが、海王星と冥王星の順番が入れ替わって「土天海冥」になったのが、1999年の3月です。

このことも、時代の象徴のように感じられます。

そして1999年には、海王星、冥王星、火星のエネルギーが活発になりました。

海王星とは、海であり、これは集合的無意識の象徴です。

つまり、海王星の発見と集合的無意識の発見は、ほぼほぼ同時期なのです。

冥王星は「死と再生」のエネルギーです。

第1章で秋山先生が「死と再生」というキーワードをおっしゃいましたが、つまり人類にとっての「死と再生」、そして「集合的無意識」、「機械文明」、これらの問題が浮上してきたのが、1999年頃です。

インターネットが日本で普及し始めたのが1995年で、その後、ADSLや光回線の登場で料金も安くなって、一気に広まったのが2000年にかけてでした。

インターネットの普及とともに、ネットサーフィン、インターネットで多くの情報を調べるようになって、娯楽もインターネットで見るようになっていったのもこの頃で、同時に、多くの人たちが携帯電話を持つようになりました。

2012年頃の変化は、スマートフォンです。世界中がスマートフォンを通じて、いつでも、どこでも、誰とでもつながれるようになりました。

これは集合的無意識が可視化できるようになったことであり、または、思考が視覚化するようになっていきました。

つまり、機械文明をはじめとするSNSや携帯電話、スマートフォンを火星文明とすると、海王星は集合的無意識です。

火星と海王星がつながりだしたのが、2012年以降です。

機械文明と集合的無意識の人間の意識がつながるようになった結果、つねにインターネットと向き合っている、また、インターネットビジネスをしている人たちが急増したわけです。

これにはいい面もあります。インターネットの普及、拡大によって、いつでも、どこでも、誰とでもつながれるようになりました。私の動画を見ている方も、SNSがあったから知ることができましたという人が、たくさんいらっしゃいます。

しかし一方で、私たちが見失ってしまっているものも、あるのではないでしょうか？

それが、先ほどお伝えした「感情・感性・霊感の劣化」、そして、人の痛みを感じる「心の劣化」です。


実際に学習塾をやっていると、いろいろな生徒さんと関わるのですが、年々その傾向が強くなっているのを実感します。

例えば私が「こんにちは。はじめまして、羽賀ヒカルです」と自己紹介しても、生徒さんたちはまったく無表情で、笑顔がありません。

感情表現が苦手な子どもたちが、とても増えています。


だから私のほうから「私ってこんな人間で」と気さくに話してみると、しばらくしてから「実は羽賀さんの動画を見ています」とポツリ。「えー、だったらもっと早く言ってくれたらいいのに！」と思わずツッコミをいれて、だいたいそれから打ち解けるのですが「もっと感情表現を出してくれたほうが、わかりやすいなあ」ということがよくあります。

それも、いままで感情を表に出す経験が少なかったからかな、と思います。

コロナ禍の3年間、学校行事はすべてなくなってしまいました。文化祭や体育祭も中止になって、友達との関わりも希薄《きはく》になる。その上全員がマスクをしているから表情をつくる必要もありません。このような環境で過ごしていると、感情を出さなくなってしまいます。

これは人類にとって、大きな危機なのではないかと思っています。

ノストラダムスが見ていた周期／アジアの始まり

秋山　ノストラダムスの時代の占星術は、いまよりもっと科学的で、星を基準にしながら、カレンダーの研究をしていました。

何のためのカレンダーの研究かというと、自然界の周期を知るためです。

ノストラダムスが占星術をやっていたというと、いまの人たちは「あー、星占いね」と単純に思ってしまうかもしれませんが、そうではありません。


ノストラダムスが生きていた1500年代の前、1300年代にはヨーロッパでペストが大流行して大勢が命を落としました。

医者であるノストラダムスはペストと戦うために、いつ頃終焉《しゅうえん》し、いつ頃ぶり返して、過去にはどんなことがあったのだろうと、また感染症はどういう状況のときに起こるのかなど、自然界の現象の周期を研究していたのだろうと思っています。


火星や冥王星、海王星などの惑星のエネルギーと共鳴しやすいテーマの一つに、国や地域があります。

ノストラダムスの著書をアメリカで最初に翻訳したヘンリー・C・ロバーツは、「アンゴルモア」を「モンゴリアン」という綴《つづ》りに変えました。火星の話も出てきます。火星というのは実は、中国の守護星です。だから「アジアで画期的な変化が1999年あたりから起こる」ということをヘンリー・C・ロバーツは言っています。

羽賀　僕も師匠の北極老人から、それについて教わったことがあります。

秋山　だから、一つのシンボルとして火星の動きが示しているのは、機械文明であり、かつ中国的なものです。膨大な人間がインターネットでつながるのは海王星的なことで、すなわち、中国とのつながり、影響が大きいわけです。

冥王星は、人間の奥底にある直観や感性的なもの、霊的なものかもしれません。だから、**これからアジアに広くある概念のとらえ直しが始まるとも言えます。**

僕はアジアを中心にした、インターネット文化を巻き込む巨大な「死と再生」だろうと考えています。

全体観の喪失が、脳の進化を止めている

秋山　ところがね、自然界の猛威の心配もあります。

太陽フレアは、太陽の表面の爆発現象で、強力な磁気エネルギーを放出するものですが、20年ほどの周期で強くなったり弱くなったりを繰り返しています。

ＮＡＳＡ（米航空宇宙局）によると、２０１９年から２０３０年まで、第25太陽活動周期に入っているそうです。

太陽フレアは電波障害を引き起こしますが、強力な太陽フレアが起こった場合、ひょっとすると地球上のインターネットが止まってしまうかもしれません。

そうしたら、我々は明日から生きていけるのか、明日からの生活や人生をイメージできるのか。

そのときに、どうやって火をおこして炉をつくって、どういうふうにキャンプファイ

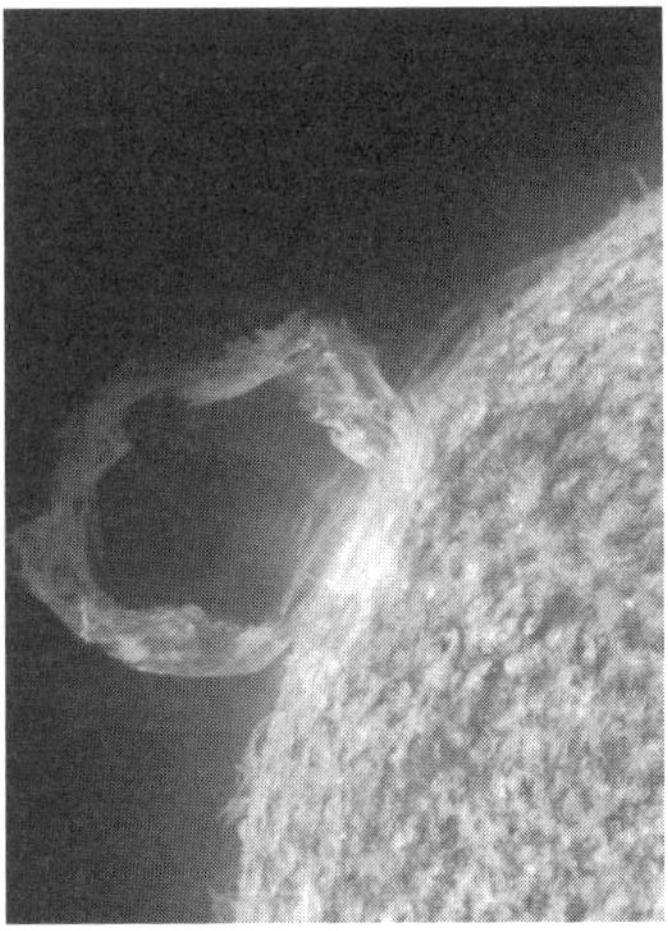
太陽フレア

ヤーをやるのか、いきなり原始的な生活を送れるのでしょうか。

そもそも現代人は、山、林、海、川などの自然や、生き物たちと、対話ができていません。

例えば、カミキリムシをインターネットで検索してみると、すぐに説明が出てきますが、実物はきれいな瑠璃《るり》色で、触ったら噛《か》みつくし、そういったことは自然の中に行かないとわからないものです。

人間関係も当然そうで、僕は一人の人間を理解しようとしたら、ネットで検索し続けても、一生わからないと思います。

最低でも7年はかけて、月1回とか3カ月に1回は会い続けて付き合わないと、霊能者でもない限り、人間のことなどわかりません。

そういった「**全体観の喪失が、脳の進化を止めている**」と大脳生理学でも言われています。また、以前から、オートマティックな社会は、「脳の進化を阻害している」とも言われています。

今後、脳を発展させる道筋があるとすれば、「触れなさい」「匂いを感じなさい」。

こういったことを、周囲の人たちと共感することです。

例えば、ボードを触った感覚をどういうふうにAさんに伝えようか、と考えて、伝えていくことや、羽賀さんたちのお店「ゆにわ」のように、どうやって研ぎ澄ました味にするかなどを一緒に話し合うことなどです。

そういった意味では、アジア、特に日本には、そういう文化がまだ生きています。

やっぱり日本は世界一というわけではありませんが、世界のバロメーターであることは事実です。

日本の全体数の感覚が、2030年に向かう中で切り捨てられることがあるとすれば、世界は終わりだろうと思っています。他の星に生まれ変わるしかないと感じてしまいます。

「アンゴルモアを蘇らせる」とは何か?

羽賀　「ノストラダムスの大予言」の中でキーになるのは「アンゴルモア」です。

この言葉をどのように解釈するか――。

「空から恐怖の大王がやってきて、アンゴルモアを蘇らせる」

「蘇らせる」ということは、もともとあるもので「眠っているもの」、もしくは「死んでいる」ものが、「復活する」ということを指しています。

では「何を復活させるのか?」というと、これは**「東洋的なものが蘇る」**と読めるわけです。

たしかに、2万6000年周期の話でいうと、その半分の1万3000年の歴史は西洋的なものです。

西洋的なものとはすなわち、人が主で、自然が従。もしくは頭が主で、体が従。

この関係性が西洋的なものです。

ユダヤ教やキリスト教などの西洋文明は、ある意味ピークに来ているのではないでしょうか。そのピークが2012年あたりだったと思います。

西洋文明は、これまでの物質文明を発達、成長させていくためにはよかったと思います。しかし、果たしてこのままでいいのか？

このまま物質文明中心でいけば、自然を好き放題利用していくことによって、環境破壊が進むのは目に見えています。その結果、人間は滅びます。

では「アンゴルモア」から読み解ける「東洋思想の復活」とは何かと言うと、**「自然は神なり」という考え方です。**

自然が主で、人間は従。もっと言うと、頭は従で、体は主です。

西洋哲学はどこまで行っても論理の世界であり、知恵の世界であり、頭の世界です。

でも、東洋的な悟りとは、体感です。論理を必要としません。

「あ！　わかった！」みたいな、理屈を超えているものです。

それは、ズバッと稲妻が走ったようだったとか、弘法大師空海が悟ったときも、金星が体の中にぽんと入ってきたと言われているように、頭で悟っているわけではありません。禅宗でもそうです。


「アンゴルモアを蘇らせる」とは何かというと、やっぱり**「東洋的なもの、日本的なものが蘇る」というメッセージだと紐解《ひもと》けるでしょう。**

それが2012年以降です。

「マルスの前後に首尾よく支配させるために」というのは、火星的なものが支配しますという意味で、さらに「アンゴルモアも蘇る」。「それ以降は、さあどうなる？」という、人類全体への投げかけです。

偶然と言えば偶然ですが、師匠の北極老人は1999年に塾をスタートさせました。来るべき時代の変化のために、ニッポンらしいものを見直していくことをベースに、私たちは活動しています。

YouTubeの「神社チャンネル」「むすび大学」などで、日本の伝統・文化・技術、そして古来日本の知恵がいかに素晴らしいかを発信しています。

ぜひご覧ください。

アメリカの科学者がつくった完全自給自足の村

秋山　僕は1990年代に、海外を回っていました。特にアメリカと日本を行き来していたときに印象的だったのは、アメリカ北部で出会った「ステレ」というグループでした。

羽賀　ステレ？

秋山　はい。ここは啓示を受けた科学者の指導によってつくられた、完全自給自足の村です。ステレには約2000人の科学者がいました。

当時はヒッピー文化が人気があって、特にアメリカの北部のほうにヒッピーたちが集まっていたのですが、90年代に入ったときの彼らのテーマが「サバイバル」でした。日本と同じように、当時はアメリカでも終末論があって、「アメリカは核で滅ぶ」と言われていました。

アメリカの最大の業、カルマは、世界中に核を広げてしまったことで、アメリカ人はそのカルマを受けなければならない、だから核で滅ぶ、と信じられていました。

このことをアメリカの精神世界では重要な問題として論じられていて、もしも他国から核が飛んできたら、アメリカ全土で一番助かりやすいのは北部だということで、さまざまな精神世界のグループがアメリカ北部に移住してきたのです。

人によっては「彼らはカルトだ」とも言われていましたが、ステレの場合は、科学者が2000人もいましたから。教祖も科学者だったから、発電システムや農業システム、子どもの教育がしっかりしていて、10歳頃には数カ国語を話せるようになっていたほどです。

科学者たちも超優秀で、さまざまな公的機関から個人的に資金援助を受けている天才科学者ばかりでした。アメリカのすごさは、科学者が精神世界のグループの中にいても、しっかり研究できることです。

ステレは農業技術、オートメーション技術、郵便局まですべて自動化しようとしていました。

一番感心したのは、それらを「何のために生かすのか」「人間が幸福に生き残るために」という目的をはっきり説いていたし、みんなも共有していて、そのために農業技術や水素発電機を使えないだろうかと研究していたことです。

日本の学術研究にしても、日本社会においても、本来、人間が幸福に生きるためという理想を第一に考えていたように思いますし、徒弟《とてい》制度でいろいろな技術が結集したのが都市だったと思います。

ステレは山や林、川とともに過ごして、自然との対話の中で季節の変化を感じながら、未来を築いていこうとしていました。

その後ステレがどうなってしまったのかわかりませんが、そのときにぐっときたことを覚えています。

羽賀　グレイ系宇宙人たちは、「自分が儲かればいい」だけです。

地球の未来も考えずに、本当の意味で、この技術が人の幸せにつながるのかということは一切考えていません。

虫は神様の使い

秋山　いまニホンミツバチは絶滅の危機ですが、昔から培ってきたミツバチそのものの集合無意識、直観がおかしくなって、変なところに巣づくりしてしまったり、気候の状態もいままでと違うので、古巣に戻れなかったり、いろいろなことが起きています。

羽賀　「農薬のせい」という説もありますが、太陽フレアかもしれないし、電磁波かもしれないし、さまざまな影響によって……。

秋山　少しずつおかしくなっていきました。当然、我々人間もそうです。

僕は東京の中央線沿いに住んでいますが、最近、オオスズメバチやクロスズメバチという郊外に巣をつくるスズメバチの偵察部隊が来て、人間に気づかれないような家の裏などに巣づくりの場所を探しています。

とうとううちの軒先にも盛んに来るようになって、必死に「やめろ」とどけていたのですが、結局、オオスズメバチの大きいのが来てしまいました。抵抗力があるのですね。スズメバチ専用のスプレーをシュッとかけても、羽根をちょっとなでるだけで弱くならないし、化学物質に強くなっています。

先日、近所の家でハチの駆除をやっていて、大きな巣をつくられたらいやだなと思っていたら、もう街中に来てしまいました。

これはいままでのオオスズメバチでは考えられないパターンです。

集団主義というは、日本の軍国主義時代もそうでしたが、ちょっと狂ったらアウトです。

羽賀 「虫の知らせ」という言葉がありますが、これは体内に住んでいる微生物という意味もあるし、虫が神様の使いとなって、何らかの警告を発している可能性もあると思います。

特にハチは、あらゆる生命における伝達役として極めて重要な役割を果たしているから、自分たちの行動なり、意識なりを、「改めなさい」というメッセージかもしれません。

古代人はそのことに気づいていたでしょうが、多くの現代人はまったく気がついていないということが、問題だと思います。

人間の意識は虫のようになっている？

羽賀　近頃の人間の意識は、本当に虫みたいになっているなと思います。

典型的なのがＳＮＳで、一つの話題が盛り上がると、まさに虫が群がるように人が集まってきます。でも、一瞬で忘れ去られてしまいます。しばらくすると、また「あそこに美味しそうな蜜があるぞ」とワーッと群がるのです。

コロナ禍の3年を振り返ってみても、「コロナウイルスは、怖い」と一斉に不安や恐怖が高まるし、ワクチン接種でも、虫のように群がって動きます。

2023年の連休明けにコロナウイルスが5類感染症になったら、「みんな動き出そう」と、一斉に外に出るようになりました。本当に人間の意識は虫みたいになっているなと思うわけです。

インターネット上の悪口や批判も、ハエがたかるように集まります。

ちなみに、人間の体内にいる虫とは、腸内環境をつくる微生物です。

善玉菌と悪玉菌がいて、善玉菌が100%などあり得ないわけです。

それと同じように、人間の中にある悪口やネガティブもなくなりようがないし、それを全部駆逐してしまえという考え方は、抗生物質で腸内の微生物を全部殺してしまうことと同じで、そんなことをしたらどんな弊害が生まれるのか、まったく自覚していないと感じるのです。

また、虫の中にも毒を持ったやつが必ずいます。**現代の最大の問題点は、集合的無意識の中に広がる、思想、考え方、感情にかなりネガティブなものがあること。**

集合的無意識の中に広がっているネガティブな思想とは、個人主義、つまりは「自分さえよければいい」「自分さえ幸せになれればいい」という考え方です。

もしくは「人間は一人で生きている」という誤解や勘違いです。しかし、よくよく突き詰めて考えると、自分一人の力だけで生きている人はいないわけです。

秋山　そうですね。

羽賀　自分とは、誰かに支えられているし、誰かを支えながら生きています。

つまり、「自分」というのは、周囲を支えているすべての人を含めて自分なのです。

こういったことは、個人主義の中で、忘れられつつある考え方です。

昔の日本人には、「世間さま」という価値観がありました。自分は、共同体やコミュニティに支えられているからこそ、生きていくことができているのであり、そのことに感謝して、自分ができることをお返しする。これが「世間さま」です。

いまの日本人にとって、「世間さま」の感覚が薄れつつある、失われているというのが、危機的な状況の一つです。

「祈り」で自分の軸を見つめ直していく

羽賀　集合的無意識の中にある、危険な思想や考え方の中に個人主義があると言いました。それとは別にもう一つ挙げるとすると、漠然とした不安です。

よくわからない不安を、皆さん抱えています。

「将来どうなるかわからない」「孤独かもしれない」「お金がなくなったらどうしよう」「結婚できなかったらどうしよう」と、さまざまですが、漠然としているという点では同じです。

私は**「自分さえ幸せならいい」という個人主義と、漠然とした不安に侵されることを、「集合的無意識のハッキング現象」と呼んでいます。**

実は、占い鑑定に来られるお客さままでも、かなりの人がハッキングされているなあと思います。「自分さえよければいい」、もしくは「何となく不安です」という方が、かなり多いです。

それに対して私は「それはあなたの本当の悩みではなく、多くの方のぼんやりとした不安に影響を受けているだけですよ。だから、目を覚ましてください」とお話ししています。

そうすると「やるべきことが見えてきました。ありがとうございます」とおっしゃる方がほとんどです。

第1章の秋山先生の図でいうと、横軸、つまり思考ばかりになってしまっている。思考をハッキングされないための縦軸をいかにつくっていくのかというのは、きわめて重要です。

これはある意味、集合的無意識との戦いなのです。

では、どうやって戦えばいいのか？

それは、**食生活やライフスタイルを整えながら、「祈る」習慣を持つことです。**

人間は、ネガティブなものからポジティブなものまで、つねに何らかの思念を持って生きています。その思念を、よいものとして方向づけてくれるのが「祈り」なのです。

人間は大事なときは、手と手を合わせて祈りますよね。これは「はっきりと中心軸を持つ」というポーズです。指先を上に向けて手を合わせるのは、自分の軸を見つめ直していくという意味を持ちます。

だから、**「つねに祈りながら、集合的無意識にハッキングされないよう生きていきましょう」**とお伝えしています。

秋山先生は、いままでお話ししてきた「集合的無意識のハッキングと戦う」ということを、いかがお考えでしょうか？

未来の神殿を心の中に持つこと

秋山　日本には「天命」という言葉がありますが、**天命とは何かというと、正しい霊感で自分の心と向き合ったときに、見えてくるものだと思います。**

それは、自然や社会との対話の中でも出てきますし、自分はこれをやったら心が落ち着く、これをやったら楽しくなれる、というような概念です。

それはやっぱり、未来にあると思います。

成功哲学の世界では、「成功のイメージ」を大切にしていますが、これを先取りして体感することではないかと思います。僕は「それを毎日毎日繰り返してごらんよ。面白いことになるから」と皆さんにお伝えしています。

僕の周りで人生が変わった人がたくさんいますが、やっぱり成功のイメージをはっきりさせています。

さらに言うと、**成功のイメージに「触ること」です。**

例えば、自分の理想の家に住んで、床に触ってみるとか。僕は意識の中で、未来に住んでいる場所のお掃除をやっています(笑)。

それくらいイメージと仲良くして、味わい続けるのです。そうすると、未来の家が建ちます。心理学者のユングは晩年、石切工の組合にまで入って、自分で石を切って一人で城を建てました。

羽賀　ありありとイメージし続けたものは、やがて現実化する。あらゆる成功法則は、ここに行き着きます。あとは、そこで手にしたものを〝何のために使うか〟という目的が最も大切ですね。

秋山　その建物の一部が、スイスのユング研究所になりました。

だから僕は、未来の神殿を自分の心の中に建て続けていたいと思って生きています。未来のイメージではありますが、それはすごく大きな心の支えになるし、絶大な力を持っています。これは大きな力です。

また、こういったイメージがないと、放浪者になってしまいます。集合的無意識の放浪者は、海の上を漂うように潮の流れに流されているだけで、そうなると、行き着くのはゴミのたまり場です。

「魂の目的」「天命」とは、神様の御用

羽賀　いまのお話はとても重要だと思います。未来のイメージとは、つまり目的地ですね。例えば、子どものときに親から「勉強しなさい」と言われて、「何のために勉強するの?」と聞くと、「いい大学に入るため」「いい会社に就職するため」と教わってきました。でもそれは、本来の目的地ではないわけです。

「お金を得る」ことも、目的地ではありません。

何のためにお金を得るかが大事で、例えば「結婚して、理想の家庭をつくって、こんな人生を歩んでいきたい」というためのお金です。

しかし、お金が第一の目的になってしまうと、集合的無意識にハッキングされてしまいます。

見つめ直さなければならないのは、〝魂の目的〟です。

魂の目的とは何なのでしょうか？

私たちの、命、魂は、間違いなく自分を支えてくれている他の命に貢献するためにあります。

個人主義とは自分さえよければいいので、貢献にはなりません。

先ほど祈りの話をしましたが、それは、「誰かの幸せを祈る」ことであり、もっと言えば、「神様の御用《ごよう》にお仕えさせていただきまして、ありがとうございます」という感謝を込めることです。

「神様の御用とは何か」というと、「天命」です。

天から授けられた自分の命があって、それには目的があります。

それらを思い出して、「神様の御用にお仕えさせてください」と祈る。

古来の日本人には、もともとあった感覚です。

昔から「おてんとうさまが見ている」と言われたものですが、それは「天から与えられた命があるから、それに背《そむ》くような生き方をするのは恥ずかしい」という意味です。

そこに、日本人の美学があったと思うのです。

第二次世界大戦以降、日本では西洋の個人主義が主流となってしまい、日本人の軸がぶれていると言われますが、実際、かなり乱れてしまっています。

そんなことを秋山先生のお話を聞きながら、思いました。

秋山　天命がなかなかつかめないのは、捨てるモノをちゃんと捨てられないからです。そこが問題です。

トイレは「あの世とこの世の境目」で「三途の川」

秋山　日本人の場合は感性も劣っていないし、逆に優れている人がたくさんいます。皆さん頭もいいし、勉強する機会も多くて、何よりまじめです。

僕は世界中を歩いて一番感動したのが、日本の公共トイレが一番キレイだったということです。やっぱり日本です（笑）。

羽賀　はい、その通りですね。

秋山　特定の国名は出しませんけど、ある国のトイレは本当に汚くてびっくりしました。観光地のトイレなのに「どうやって用を足すのですか？」と言いたくなるほどひどいところがあるわけです。日本は公共の場所が素晴らしくキレイです。

羽賀　日本人のよさですね。僕はトイレは「三途《さんず》の川」だと思うのです。排泄物《はいせつぶつ》というのは、ある意味、自分の中の〝死んでいった部分〟ですから。人はごはんを食べ、新しい命をいただく。それと同時に、死んでいく部分もある。それを水に流すトイレという場所は、今日の死んでいった自分を見送る場所とも言えるわけです。

だからトイレは「あの世とこの世の境目」で、トイレをきれいにしていないと、よいあの世に行けない（笑）。

トイレを日々使っていくと、目に見えて汚れていきますよね。だから掃除がかかせませんし、基本的に、トイレ掃除は修練の一つでもあります。

だからトイレをちゃんとキレイにしている日本人は、希望があると思います。

秋山　そうですね。もう一つ、トイレとは「捨てるべき精神的な感情」です。

心のセンサーを使うこと

秋山　心の混乱を解消してくれる最大の特効薬は「未来のイメージ」と「面白がる好奇心」だと思います。

何でも興味を持って「なぜだろう」と考えてみて、「なぜ」の「なぜ」の「なぜ」くらいまで追いかけて掘り下げてみると、最終的に、面白さに変わります。必ず面白さに出会いますから。

対象は自分が苦手なものでも、どんなものでもかまいません。

そうやって出会ったものは、いつまでたっても忘れないし、いい情報を優先的に忘れなくさせることができるようになるのです。

反対に、ネガティブな感情に負けてしまうと、ネガティブなことの「なぜ」の「なぜ」の「なぜ」に至るまで、ものすごい労力を使って考えてしまい、心に大変な混乱を生んでいます。これを断ち切らないときついかなと思います。


羽賀　考える作業とは、正解探しだと思うのです。

正解を探すというのは、まさに受験勉強ですが、人生には正解はありません。

ときに間違ったり、失敗したり、違ったことをたくさんやってしまうことが人生で、そもそもあれこれやってみないとわからないわけです。


では何がセンサーになるかというと、頭で考えるのではなくて、なんとなくワクワクするとか、何だか楽しそうだなという心のセンサーを使うことです。

それこそ、遊びの感覚です。だから、いろいろな見方があっていいと思います。

地球は、魂の修行の場であり、苦しいことやつらいことがありながらも、自分を磨く場所という見方もありますが、もう一方で、地球は遊びの場でもあるのです。

魂は、この地球に遊びに来ています。

「自分にとって楽しいものは何か？」という、心の奥底から感じられるものや、自分の感性に従って生きることは、２０３０年に向けての一つのキーワードになります。

秋山　本当にそうですね。「正しい」という漢字は、「一線で止める」と書きます。

絶対的な善人になろうとか、絶対的な理想を目指すとなると、その反対にあるものを許せなくなります。

大事なことは、ある一線で止めること。何を止めるかというと、自分の感情だと思います。

羽賀　「一《いち》にとどまる」で正しいとは、言い得て妙です。一とは何かというと、これだけは人生で大事にしたいと思えることや、譲れない信念ですね。

それにとどまるというのが本当の意味での〝正しさ〟で、「これさえやっていればいい」という正解ではありません。

自分にとっての原点を見つける

秋山　最も一線でとどまりにくいのが、人を責める心です。許すことの面白さが少しでもわかると、ちょっとずつ許せていくと思えます。

霊能者は感情的になりやすいんです（笑）。自分の論説の外側のものは許せないという人が多いし、僕自身もそういう気持ちがすごくあったから、人の悪いところはよく見えてしまいます。

逆に言うと、どうやって自分を、人を許したらいいのかと、考えてきました。

僕のように、人を許さないタイプの人間が許せるようになった瞬間があって、これはやっぱり自分をゆるませたときです。癒やしとも言えます。

自分を許せるようになってきたときに、人を許せるようになるし、自分に許せない不安がたくさんあると、その分、相手も許せなくなります。

羽賀　一方的に、自分の正しさを押しつけてしまうのですね。

秋山　そうです。反応的に攻撃の材料になります。ただ、これもまた本人の反応ですから、悪気はないわけです。だから余計に大変なことになります。

悪気がなくて批判したら、倍くらいの批判が返ってきて、そうすると本人は怒り狂って余計に苦しみます。こういった負の連鎖から解放される人生がどこにあるのかということを、精神世界の素材から見出《みいだ》していけたらいいなと思っています。

羽賀　秋山先生がおっしゃった、「一にとどまる」という状態で、神様とつながりながらもゆるんでいるという状態が、本当の正しさだと思います。

そこにつながるのが、神社だったり、どこかの場所だったり、ある教えだったり、人だったりするのですね。

まず自分にとってのイチ、原点を見つけることが、2030年までの生き方として大切なことではないでしょうか。

第3章

縄文時代／空間信仰／パワースポット

２０３０年までに加速すること

羽賀　２０１２年頃から世界的に急速に普及していったスマートフォンやＳＮＳは、その後、ＡＩやＶＲ、メタバースなどを生み出しました。

スマホが普及したことによって何が起こったかというと、人類全体の集合知をつくり出したことです。それが、対話型ＡＩ、ＣｈａｔＧＰＴです。人工知能の研究機関であるOpen AIによって、２０２２年11月から公開されました。

この機能を使えば、かんたんに文章の作成ができます。

例えば、「こんな特徴の人に、メールを出したい。心に響く内容の文章をつくってください」と話しかければ、人間が書くよりも素晴らしい文章を、あっという間にＡＩが書いてくれます。

また、ＣｈａｔＧＰＴは、作曲もしてくれます。

例えば、「ミスチルのような歌詞で曲をつくってください」と頼めば、ちゃんとつくってくれますし、もっと具体的に、「ミスチルの夏の恋愛ソングを」というオーダーにも応えてくれます。

さらに進化していくと、例えば、私がいままでYouTubeで話したデータをChatに覚えさせて、さらに私の顔を人工知能に記憶させて、メタバースやバーチャルリアリティ上につくると、バーチャルの羽賀ヒカルが誕生します。

極端な話、私がYouTubeなどで発信しなくても、バーチャルの羽賀ヒカルが勝手にしゃべってくれる時代になったのです。

この機能が普及すると、ＡＩはインターネット上の大量のデータを学習して、より進化していくでしょう。

２０３０年までには劇的な進化を遂げるはずです。

一方で、ＡＩの進化によって、失われる仕事が出てくるかもしれません。

事務的な作業や、プログラマーの方々の仕事が代替されるようになる可能性はあるかもしれません。

ただ人間は、なくなった分だけ新しい仕事をつくるものだとも思うので、人間の仕事がすべてＡＩに奪われてしまうのではないかと、過度に心配する必要はありません。


それ以上に危機感を持たなければならないのは、**人間の感性が失われていくことです。**

例えばメールで文章を書くときも、「この表現をしたら、誤解されて受け取られてしまうかも」「こういう書き方なら喜ぶかな?」と、相手のことを労《いたわ》ったり、思いやりますよね。

それをすべてＡＩに任せてしまうと、ますます人間の感性が失われてしまいます。

これは相当に危険なことです。

本来ならば、人との関わりの中で磨かれる直観力や感性が、いよいよ本格的に劣化する危機に瀕《ひん》しています。

すると、人間はどうなってしまうのでしょうか？

相手の心の痛みに無関心になってしまい、人と人との助け合いがなくなっていきます。

「誰かが苦しんでいようが、俺には関係ない」という人が、増えていきます。

人と関わるのも面倒くさくなって、実際、メタバースなどのＶＲ空間で恋人をつくるほうが楽だという若者は、すでに現れてきています。

この傾向は、２０３０年には間違いなく加速しているでしょう。

日本人の霊的な感性が失われつつある

羽賀　このような状況は、神様にはどのように映るでしょうか？

神様がいるとして、互いに助け合わない人類を見たら、どう思うでしょうか？

もしかしたら、天変地異を引き起こしたり、貨幣経済の崩壊などを引き起こして、人類を痛い目に遭わせて、お互いに助け合うように仕向けるかもしれません。

そもそも近頃は、余裕のない人が増えているように思います。街中で歩く人や、ニュースで流れる事件などを見ても、自分のことで精いっぱいで、他人を気にかける余裕がないのですね。その表れが、精神疾患や鬱《うつ》の増加であったり、若者の自殺率が高まった原因のように思えます。

これには経済的な問題もあります。日本の経済が成長していないこともあって、給料は上がらないし、以前よりも貧しくなっているので、金銭的にも余裕がなくなっています。だから、余計に助け合わなくなっていると言えます。

私たちが心の余裕を取り戻すことは重要な課題です。余裕がないと、人に対する優しさや思いやりを持つことはできないからです。

人類は限りなく絶望的な方向に進もうとしていますが、選択肢はあります。

経済的に豊かになり、助け合うか、もしくは一度、絶望的な、危機的な状況に追い込

まれるかという、究極の二択です。

秋山　日本人の霊的な感性の劣化はあると思います。

霊的な感性というのは、五感をフル動員したときの瞬間的な何か、身体全体で感じるものです。

だから自然をよく知っている人は、木に触れただけで「この木はいい木だ。ダメな木だ」とすぐにわかるのです。木の香りや色、触覚などを通して、瞬時に見抜いてしまうわけです。

すし職人が、握っただけでシャリの数や重さを正確に答えられるのもそうです。

これは特殊な能力というよりも、練習しているうちにわかるようになるものなので、当然、練習しなくなれば、その力は落ちていきます。

例えば、体育館のような広い建物の中に目隠しをされた状態で入って、中央あたりに椅子を置いて放置するとします。2時間ぐらいたつと、自分の呼吸音や周りの音によって、どこにドアがあって、どこに固い素材があって、どこまで部屋が広がっているかが、ある程度わかるそうです。

本来人間は、それくらいの霊感は持っています。

だから、もともと持っている勘はあるのだけれど、それが失われつつあります。

男性の声が高くなっているわけ

秋山　味覚に関してもそうで、人間の舌は、長い間、化学調味料によってごまかされてきたので、明らかに劣化してしまいました。化学調味料の発展が、ダメな素材を商業化させてきたのです。

僕は「冒険的に3日間、化学調味料の断食をしてごらん」と言います。そうすると、古い米はわかるし、劣化した冷凍の肉は口に運んだ瞬間、吐き出したくなります。化学調味料の断食をしてみると、素材の良し悪《あ》しが一発で戻ってきます。

感性の劣化において、ふだん聞いている音も重要な要素です。
僕は2021年8月に『怖いほど願いがかなう　音と声の呪力』という本を出しました。出版する前は、いろいろな出版社に「声と音なんか売れないよ」と言われて断られた原稿でしたが、発売したら4刷り超えとなり、超売れた本になりました。

私たちが日常で聴いているデジタル音は、我々が心地いいと感じる高音部だけをうまく切り取って、総合的に再生しています。だから、エッジの効いた音が再現されているように思っていても、実は錯覚です。低音部に関しては、こんなところだろうなと類推して聴いているだけです。
デジタル音は、自然音とは違うから、長く聴いていると脳がストレスフルになってしまいます。

それを知っていたスティーブ・ジョブスは、デジタルで低音部も含めた肉厚な音を再生しようと考えていました。もとに戻そうとしていたのです。

そして、自然音に近い音を、携帯などで再現することを最後に狙っていました。これだけで事業独占できます。

ところがその最中に亡くなってしまったので、陰謀論を唱える人もいます。


デジタルの進化によって、直観や霊感などに通じる、脳の重要な素材収集能力を失っていくどころか、おかしくなっています。

ストレスが溜まったり、混乱したり、逆に現実をとらえにくくなっていて、今風の言葉で言うと、超重くなっている。だから、低音部をしっかり発音できない人が増えています。

そもそも低い声を聞いていないから発声ができないし、緊張しているから声が甲高くなってきています。特に男性の声が高くなっていると言われていて、男子のストレスは相当なのでしょう。

声は、喉がリラックスすると低くなります。お互いに低い声で話をすると、すごくリラックスできます。

デジタルやバーチャルの進化を考えると、自然音に戻るというような作業は無視されて劣化していくように思います。それは2030年あたりに向けて、加速していくと思います。

羽賀　実は私たちの会社でスピーカーを開発しています。音の研究に生涯を捧《ささ》げている方が、まさにそのことをおっしゃっていて、いかにして自然音を再現するかにチャレンジしてきました。

そこでたどり着いたのが、樹木です。生きた木から音が発されることによって、スピーカーから出る波長がまったく違ってくるのです。

自然音は本来なめらかですが、デジタル音ではなめらかさが全部カットされていて、音がギザギザしています。

木から出る周波数は、人の周波数と共鳴・共振するため、音が人の深いところまで響き、心地よく感じます。これがデジタル音との決定的な違いです。
私たちはアンプやスピーカーの段階で、なめらかさを調整し、微細な周波数を出せないかと試行錯誤して、スピーカーの能力を最大限に引き出すことに成功しました。それが「シリウス」という音響です。

秋山 面白いね。最近、霊的能力のある人たちに、スピーカー開発に凝《こ》っている人が増えています。

羽賀 はい。いかに自然な音を再現できるかです。

失われつつある日本の風景

羽賀 化学調味料の断食に関して言うと、私はもう20年ほど、化学調味料的をほとんどとっていません。パーティーなどで少しだけ口にすることはありますが、白砂糖が多いとか、油っこいなぁなどと感じてしまいます。

いまでは化学調味料が入ってるものを食べると、口の中にできものができたり、口内炎できてしまうほど体が拒否反応を示すようになってしまいました。

これがまさに、ギザギザしている味です。

本来の自然なものというのは、なめらかな味わいがあって、そして味が非常に複合的です。音に関しても、味に関しても、戦後の日本において変化したことです。


日本の風景についても同じで、景色が均質化してしまっています。

この間、奈良県の橿原《かしはら》神宮に行ってきました。橿原は日本の建国の地です。でも周りには、どこにでもあるショッピングモールや派手な歓楽街、コンビニエンスストアがあって、その土地ならではの景色を感じられません。

出雲《いずも》に行ってもそうだし、その他の地方の神社に行ってもそうで、日本独自の風景は失われつつあります。

食べ物も、全国にあるファストフードやコンビニエンスストアで売られているおにぎりやサンドイッチの味は、どこで買ってもたいてい同じです。

でも本来、地元の味があって、地方の景色があるのが当たり前なのです。

どこに行っても同じで、代わりばえのしない現代に生きる人々は、自分のアイデンティティを見失っていると言えます。

人間はお母さんのお腹《なか》の中から生まれますが、何といっても大地によって生かされています。

自分を生かしてくれている大地の正体とは何かを自覚していたのが、古来の日本人だったのです。地方の特色が失われつつあることは、〝産土《うぶすな》〟の神様の力も衰《おとろ》えてしまうということなのです。

秋山　僕は骨董の蒐《しゅう》集家《しゅうか》ですが、最近凝っているのが、昭和初期の頃の安い骨董品です。僕が子どもの頃に友達の家に遊びに行くと、その両親が旅行して各地で買ってきたお土産が、テレビの横にあったり、ガラスケースにいっぱい入っていて、それを見るのが楽しみでした。

特にこけしは木の香りがよくするし、塗料も土地のものを使うし、その土地ならではの表現の仕方があります。

でも、それが一斉に消えました。各地のお土産がメイド・イン・チャイナのつるつるのプラスチック製品に様変わりして、可愛いキャラクターが並ぶようになってしまいました。さらに、ご当地キャラクターのビニール製品まで出てきました。だから、昔のお土産品は非常に珍しいのです。

僕はそんな昭和初期のガラスケースに入っていたようなご当地モノやお人形などをけっこう集めています。

昔はお土産の素材や表現を見たら、「これはあそこのものだな」と一発でわかったものです。その土地の土で焼いた泥人形などは、実は江戸時代以前からあります。

埴土《はにつち》と呼ばれる赤い土を使って焼いていて、独特の風合いというかバイブレーションがあります。

その土地のバイブレーション、霊感に触れるために、旅した先々でお土産を集めていたんだなぁと考えると、感慨深いものがあります。

羽賀　そうですね。では「その土地固有のものとは、いったい何なのか？」と考えると、いまの日本に残っているのは、神社仏閣です。

秋山　日本の神社仏閣も、もとの位置とは違う場所に在ったり、住宅事情で移転したりしています。

羽賀　でも、何かは残っているだろうと思います。だから私は「神社にお参りしましょう」と、皆さんにお伝えしています。

「自分の心のよりどころとなる神社を持ちながら、生きていきましょう」というのが、私たちが一貫して伝えているメッセージです。

日本は「日本人共通のバイブル」がない国

羽賀　ここからさらに、日本論を展開させていきたいと思います。

今回、秋山先生と対談させていただくきっかけになったのは、竹内睦泰《たけうちむつひろ》先生、第73世武内宿禰《たけうちのすくね》です。その竹内先生がよく言っていた、とても印象的な言葉があります。

「極端な話、俺は、日本がよければそれでいいねん」と。

これには一理ある、と思っています。

日本以外の国を否定しているわけではありませんが、「日本が一番大事な国」であり、世界中が〝画一化《かくいっか》〟して個性を失うほうへ進む中で、それを食い止めるカギが、日本的精神にあると思うからです。

日本の特徴や、日本的精神を大きく表すものとして、「多神教の精神」があります。

自分も神だし、あなたも神です。だから、日本だけが神様ではなくて、外国もみんな神様だという精神です。

一神教的なものは、自分たちの民族や、自分たちの宗教さえよければいいという選民思想が強くなるので、戦争は終わらないし、貧困や差別も終わらないというのが自明の理です。

秋山　そうですね。

羽賀　反対に、多神教は寛容性《かんよう》があります。日本は多神教的な人が多い島国です。世界の歴史では、長く宗教戦争が繰り広げられてきました。キリスト教同士でも喧嘩をするし、イスラム教同士でも争っていて、戦争が終わることはありません。

その原因は、経典信仰、テキスト信仰にあると思っています。

「経典が神」になってしまうと、経典の解釈をめぐって争いが絶えなくなります。これは、仏教でもイスラム教、キリスト教でも同じことです。
「そもそもキリストは、そんなことを望んでいなかった」「そもそもお釈迦様は、そんなことを言っていない」といった不毛な争いが繰り広げられてきたのが、世界の宗教史です。

では、日本はどうなのでしょうか？　日本はテキスト信仰がない、経典信仰が根付かない国です。だから「日本人共通のバイブル」というものがないのです。そもそも神道には、経典がありません。

では、日本を日本たらしめるものとは何でしょうか？　それは秋山先生もおっしゃっている「空間信仰」ではないでしょうか。

空間に神が宿る。モノに神が宿る。人に神が宿る。神社に神が宿る。

経典やテキストを信じてはいませんが、「空間に神が宿る」と思う、感じることが、日本人の信仰なのだと思います。

日本人のような「皆が神様だよね」という多神教、八百万《やおよろず》的な考え方、そして空間信仰が広がれば、世界は絶対によくなっていきます。

戦争を起こさない何かが、日本にはまだ残っているのです。

秋山　日本人の特殊な信仰は「空間信仰」です。日本の精神世界、近代の精神世界も、癒やしのまほろばであるパワースポットを求めています。

これは単なる大地とか山、神社仏閣だけを求めているのではなくて、それらがすべてセットになった空間です。

日本人の根本的霊性は、「心は空間にあり」ということ。宇宙、太陽、山、村、街、これらは、神の身体として切りはなすことができないものというわけです。

宗教界の横のつながり

秋山　僕は神社関係者の方にはほとんど会ったことがありませんが、竹内むっちゃん先生は大好きでした。山蔭《やまかげ》神道の山蔭基央《やまかげもとひさ》先生も、素晴らしい方だと思いました。明治天皇外戚家中山忠徳《なかやまただのり》の猶子《ゆうし》として山蔭神道家第79代を相続され、古神道を説いた方です。２０１３年に亡くなられました。

羽賀　山蔭先生は異色な方ですね。

秋山　山蔭先生は「在野の霊能者たちが連携すべきだ」と言って、カバン一つで沖縄から北海道まで、全国の名だたる霊能者に会いに行っていました。自分も一党一派の単立法人の教祖なのに、そのようなことに尽力されたのは、素晴らしいことだと思います。

静岡県富士宮市にある、富士山をご神体として祀る富士山本宮浅間大社《ふじさんほんぐうせんげんたいしゃ》に、有名な湧玉池《わくたまいけ》があります。神社の境内に湧泉があって、国の特別天然記念物に指定されています。池の底から玉のように水が湧き出すので「湧玉池」と名づけられたそうです。

実は年に1回、某日ある日に、京都のある秘密結社の人たちが夜中に、湧玉池で禊《みそぎ》をやるのです。この池の水が冷たすぎるものだから、もやが立つほどです。

羽賀　富士山からの伏流水だから、冷たそうですね。

秋山　その禊は、亀井三郎という戦前の三大霊媒師の一人の薫陶《くんとう》によるものらしいです。ちなみに戦前の三大霊媒として、亀井三郎、竹内満朋、萩原真、この3人が物理霊媒で有名でした。
富士山本宮浅間大社の湧玉池で行われる禊は、亀井三郎が残した薫陶を頑《かたく》なに守っている人たちが、年に一回、必ずやっていることです。
集まってくるのはけっこう有名な業界のお金持ちの人たちで、夜中にベンツが並びます（笑）。

そのときに山蔭先生がおられて、一緒に禊をしたことがあります。

他の精神世界のグループも一緒に参加していて、山蔭先生は羽織袴《はおりばかま》ではなく、あえて着流しでニコニコ笑いながら行に参加されていました。とても感動的でした。

竹内先生も「いろいろな神道の教えはあるけれど、些末《さまつ》なことはいい」とおっしゃっていましたね。神道界の方々は、「あれが間違っている、これが正しい、こちらが本当だ」と言って、よく喧嘩していました。

神道よりも、キリスト教会や仏教界の方がいろいろなものとコラボしたり、受け入れたりしているのに、神道界の方々はあまりにも逆です。

何でも受け入れてきた神道の「和を以て貴《とうと》し」とする素晴らしい流れがおかしくなってきていて、問題が起きているところも多くあります。

1980年代初頭に僕は「パワースポット」について文章を書いたら、それが流行ってしまいました。のちに「私が元祖だ」という人がたくさん出てきましたが、文献上、最初にパワースポットという概念を書いたのは僕なのです。

それ以降、お寺さんはすごく喜んでくださって、いろいろな形で「ありがとうございました」という言葉をくださって、嬉しかったですね。

でも、神社さんからは何一つ来ませんでした。それどころかパワースポットという概念が流行ってしまったために、「かえって忙しくなって、迷惑だ」という苦情はいくつかいただきました。

神社さんは檀家《だんか》を持っているわけではないから、経営も大変だと思いますし、たくさんの人で賑《にぎ》わって潤いがあったらいいだろうなという老婆心《ろうばしん》からでしたが。人の思いはいろいろありますね。

近頃はだいぶ変わってきて、ニューエイジを受け入れる奈良県吉野の天河大辨財天《てんかわだいべんざいてん》は、僕たちが訪れても快く迎え入れてくれる宮司さんがいて、大変ありがたく思っています。

この間羽賀さんと一緒に行った飛鳥坐神社もそうでしたね。宮司さんから直接お電話いただいて、大変嬉しく思いました。

自宅をパワースポットにする

羽賀　私がちょうど精神世界に入った2000年頃から、日本はパワースポットブームになりました。

秋山先生や舩井幸雄《ふないゆきお》さんの影響もありましたが、そもそも「癒やしの地」といった概念は、日本人にもともとあったからでしょう。それは神社仏閣だけではなくて、磐座《いわくら》など、自然もまたパワースポットです。

でも、大事なことは、パワースポットを求めて外に出かけるのではなくて、自宅や会社など、身の周りをパワースポットにすることです。

神社やパワースポットに出かけるということは、外側に神様を求めていることと同じなのです。しかし、神様は本来、どこにでもいらっしゃる存在です。

日常で神様を感じていただくために、私たちのコミュニティ「ゆにわ塾」では、住まいを神社のような空間にする、「おうち神社化計画」を提唱しています。

YouTube「神社チャンネル」で神様について発信しているのも、オリジナルの神棚「住神《すみか》」をつくっているのも、神様を意識して日常生活を送っていきましょうという思いからです。

私の師匠である北極老人の塾では、塾のエネルギーが上がるように、風水で室内を整えています。最初からすべてが揃《そろ》っていたわけではなくて、風水のアイテムも北極老人が少しずつ増やしていかれました。

そんな師匠の姿を見て、私たちは「御食事ゆにわ」というお店を立ち上げたのです。先ほどもお話ししましたが、「ゆにわ」というのは古神道の言葉で、「神様が降りる場所」という意味です。現代風に言うと、まさに〝パワースポット〟ということです。

直観力や霊的感性を目覚めさせるためにパワースポットに行くことも大切ですが、日常生活で直観力を磨くことも、大事なことだと思います。

だから「自宅をパワースポットにしましょう」とお伝えしているのです。

そもそも日本人は、家の中に神棚を祀ったり、正月に歳神様《としがみ》をお招きするという古来の伝統的な習慣があります。

秋山先生、いかがでしょうか。

秋山　まさしくそうだと思います。「お宮」という字は、「自分の体」を表しています。

私たちの体に神も仏も宿っていて、一番身近な降神器というか、神仏のかけらがあると思っています。だから自分の体は、お寺であり、神社なのですね。

私たちがパワースポットに行くのは、体が望んでいるからかもしれません。

神社仏閣のエネルギーをはじめ、お守りやお土産を買ったり、現地で食事したりなど、いろいろなものにふれあった思い出と、それらを体感した自分の佇まいが、家の中で表現されていくからです。

旅先で出会った水晶やラピスラズリなど、パワーストーンを買うのも、それに似た感覚です。

それらを部屋の中に配置して、置き場所によっても感じ方が違うなぁと思って変えてみたり、そういうことで豊かな生活空間がつくり出されていきます。

つまり、自分の資産である空間、占有権を任されている自分の部屋から、パワースポットを感じられる。自分の家は、そのためにあります。

縄文について／「石に神様が宿る」

羽賀　先ほど「日本人が世界の鍵になる」という話をしましたが、そもそも日本とは、日本人とは何なのでしょうか？　日本語を使ってこの島に住んでいること、お米を食べてきたことなどが、物質的な日本人らしさとして挙げられます。

さらに、日本人の精神性とは何なのか？　見えないけれど一貫しているものとは何なのか？　について考えてみたいと思います。

先ほどパワースポットや空間信仰についてお話ししましたが、縄文時代から脈々と続いているものに巨石信仰があります。

縄文時代のさまざまな土器や石器だったり、秋田県の環状列石（ストーンサークル）などにその表れがあって、古来日本人は「石に神様が宿る」と信じてきました。

日本最古の神社だと言われている奈良の大神神社《おおみわ》のご神体は、背後にある三輪山《みわやま》で、その山頂には磐座《いわくら》があります。

巨石には神様が宿っていて、神様と人間をつなぐ中継地点であるというとらえ方は、縄文時代から現在まで変わることなく続いています。それは日本人の連綿《れんめん》と受け継がれている精神だと思っています。

その後、弥生時代に日本の転機が訪れました。

弥生時代になると、大陸から渡来人がやってきて農耕が始まるようになり、青銅器や鉄器が伝わりました。鉄器は稲作に必要な農耕器具としても使われ、米づくりが日本に広がっていきました。

ちなみに戦争が始まったのは、弥生時代からです。

農耕が盛んになると、富を一カ所に備蓄できるようになり、「農耕する側」と「させる側」に分かれていって、それが貧富の差を生むようになりました。

日本が縄文から始まったとすると、いまから約2000年前に日本は大きく変わってしまいました。そして、その延長線上に、いまがあると思います。

ただこれは悪い面だけではなくて、国をつくっていくという意味においては、一つの必要なプロセスだったと思っています。

秋山　支配する側も、される側も結局、自然法則から一歩も出ていない。おごれる者は久しからずであり、いま弱くても、よい感情で努力するものは必ず栄えてゆく。

聖徳太子がもたらしたクリエイティブな思想

羽賀　「2030年」というキーワードにつながる、私たちがテーマとしている歴史上の人物が、聖徳太子です。

2022年は最澄、空海をテーマにして、比叡山と高野山にお参りしました。

2023年は聖徳太子をテーマに、飛鳥や飛鳥坐神社、法隆寺にお参りさせていただき、聖徳太子を見直しています。

聖徳太子が生きていた574年から622年頃の日本は、地方に大小の国があって、いろいろな民族がさまざまな言語で話している、ばらばらの状態でした。

しかしそれでは、超大国の隋《ずい》が攻めてきたら、対抗することはできません。

聖徳太子は、隋という大国と対等、もしくはそれ以上に価値のある存在として、日本をブランディングしようとした政治家です。

法隆寺は、聖徳太子が飛鳥時代（593〜710年）に建立した仏教寺院です。境内には五重塔や救世《ぐぜ》観音を祀《まつ》る夢殿《ゆめどの》があって、世界最古の木造建築としても有名です。弥生的な力を持って強くありながらも、縄文的な直観力や感性を備えた、見事な建物です。

縄文時代の土器は、細工の施し方やつくりが細やかで美しく、繊細微妙な波動、エネルギーを持っています。

聖徳太子

これが弥生式土器になると、かなりシンプルになります。機能性は優れているかもしれませんが、つくりが大雑把に見えてしまいます。

聖徳太子が建立した法隆寺

法隆寺五重塔

法隆寺夢殿

弥生時代の製鉄技術はすぐれていたのかもしれませんが、芸術性や美術性という意味では、縄文時代のほうが上のように思います。

そこからさらに進んで飛鳥時代の芸術美術になると、仏像をはじめ、法隆寺の壁大工などの建物は、本当に細やかで美しいのです。

おそらく聖徳太子は、縄文時代から脈々と続く「日本人の感性」を、法隆寺において蘇らせただけではなく、当時の最先端の技術を結集させた建造物をつくりたかったのではないでしょうか。

秋山先生は、聖徳太子についていかがお考えでしょうか？

秋山　僕も同感です。聖徳太子という人は、さまざまな文化のいいとこどりを全部やったら、芸術や政治、宗教はどうなるのかということに挑戦した人だと思います。

ひと昔前に、コングロマリットやクロスオーバーという言葉が流行りましたが、聖徳太子はその先駆者です。

聖徳太子の出生由来も多くの人が語っていますが、キリストの話とそっくりですよ。

キリスト（右）

馬屋で出生して、若いうちから天才、そして自然に人が集まってゆき、大成する。

皆さんの聖徳太子への思い込みはさまざまで、キリストのようであって、釈迦のようであり、孔子のようであると言われています。

そういったクロスオーバー的な文化の象徴である聖徳太子を、いまの歴史学や学問は「存在しなかったことにしよう」としつつあります。

いまの教科書には、聖徳太子ではなくて、厩戸皇子《うまやどのみこ》と書かれていることに、僕は憤《ふん》慨《がい》しています。

政治的な何かが、日本の歴史を塗り替えようとしている気がしてなりません。日本の歴史から聖徳太子を外してしまったら、日本人の根幹となる感覚やルールブックがなくなってしまうと危惧しています。

僕は「和を以て貴しとなす」という言葉が一番好きです。

聖徳太子が定義づけた言葉だと思うし、「和」というのは何かというと、普通だったら交わらないような対極同士のさまざまなものを、ある目的のもとに一つにしたときに、まったく新しいものが生まれるという発想の転換法で、聖徳太子はそれを提示しています。

聖徳太子のおかげで、この国にたくさんの技術やクリエイティブな思考思想がもたらされたと思っています。

縄文時代のよさを呼び戻す

秋山　縄文時代は人口が少なかったから、森で人に出会ったら「嬉しい」しかなかったでしょうし、子どもが生まれたら「嬉しい」、成人まで育ってくれたら「嬉しい」しかなかったでしょう。

人の存在の喜びは格段楽しかったでしょうし、自然の食材も豊かだったと思います。

日本列島の当時の気候は亜熱帯で、バナナが生えていたという話もあります。

いまでも島の先端のほうへ行くと、魚を手づかみで捕れるところがあって、どうぞ食べてくださいという感じです。


縄文時代はそういった環境だったので、芸術性に打ち込めたのでしょう。

自然界は色彩が豊かだから「植物や動物、宇宙を描き込んでみよう」「縄目は面白い」「線が交差していると縁起がいい」といった感じで、クロスオーバーの交点を盛んにつくってできたのが縄文土器だったのでしょう。


でも、大陸から他民族が大量に流入してくることになって、侵略に備え始めました。

そうすると、戦闘的な道具を求めるようになって、異民族が「こんな道具がありますす」と鉄製の武器を持ってきて、どんどん吸収していきました。

そんなときに土器に縄目をつくっている暇はありません。戦いの時代です。

最近よく言う、グローバルスタンダードです。日本のことだけを考えていてはいけませんなどと方々で言われるのと一緒です。当時、そういうことを言っていた連中に、「日本に謝れ」と思います。結局、便利さだけを追求して弥生式土器はシンプルになりました。

大事なことは**「日本のよさ」を呼び戻すことです。**

「捨ててはいけないものを、捨ててしまったかも」とどこかで直観が気づくことです。

それに気がついたのが聖徳太子であり、飛鳥時代だったと思います。

歴史を振り返って、「よかったものは何？　反対に、ダメだったものは？」「捨てるべきものは？」「出ていくべきもの、または組み合わせていくべきものは何？」と取捨選択を短い期間で研究したことで、飛鳥時代という雅《みやび》な文化ができたのだと思います。

それは、この国でなければできない完成形でもありました。

羽賀　聖徳太子には、当時の日本がおそらく「世界の最先端をいっている」という意識があったのではないかと思います。

飛鳥の地に行くと、仏教における須弥山《しゅみせん》をかたどった須弥山石というのがあります。須弥山は、世界の中心にそびえるという高山で、それを飛鳥に置いたというのは、「この地が、世界の中心なのだ」という自負があったからではないでしょうか。

秋山　須弥山はシュミサン。この語源はシュメール山（笑）。非常に面白いです。

羽賀　北欧の神話では神々が集う地のことを「アスガルド」といいます。飛鳥に似ていますね。

言霊《ことだま》がシンクロしているというのは……。

秋山　面白いですよね。

第4章

終末を予言した？
「聖徳太子の未来記」

「聖徳太子の未来記」は終末予言の書？

羽賀　聖徳太子が残したものに「聖徳太子の日本国未来記」があります。写本が国会図書館、もしくは龍谷大学の図書館に残っています。

「聖徳太子の未来記」の原本は、「京都のとある秘密結社が隠し持っている」と、ある方から、聞いたことがあります。

聖徳太子は622年に亡くなっていますが、未来記には「100年以上たって都が京都に遷る」、「都が京都に移って、京都で1000年以上のときを経るだろう。でも、1000年たったら、京都からさらに東京のほうに遷る」と書かれています。

「聖徳太子の未来記」はオカルトでも何でもなくて、『太平記』の中にも、楠木正成《くすのきまさしげ》が聖徳太子の未来記を読んで、「いずれ鎌倉幕府は終わる、自分にも何か役目がある」と直観して、鎌倉幕府を倒そうと決意したということが書かれています。

このほか藤原定家の文献にも、「聖徳太子の未来記」が載っています。

「聖徳太子の未来記」は予言の書とも言われていて、その内容は現代を指しているのではないでしょうか。以下の予言は、終末を感じさせます。

（都が東京に遷ってから）

「それから200年がすぎた頃、
クハンダが来るため、
その東の都は
親と7人の子供のように分かれるだろう」

クハンダとは悪魔のような存在です。「クハンダ」という魔物を遣わして、その結果、人々はちりぢりバラバラになるだろうというのです。

我末法中天魔波旬變作沙
門形不依如來正法立私曲
邪義弘光明現殊勝相廻國
郡唱佛名衆生不知而深信
如眞實僧恭敬供養者於其
國發七難一者大風難二者
大水難三者大火難四者大
旱難五者大暑難六者大寒
難七者大雪難又起三災一
者兵乱災二者疾病災三者
飢饉災已上如來金言大[illegible]
文誠諦哉仁王九十六世帝
信彼徒黨於洛陽造金堂以
彼法師而爲主三年發七難

七年顕三災此帝爲武士去
都而吉野山潜幸遂無還幸
相繼王法衰廢盛平九代臣
仰彼邪法於相州創道場以
彼法師而爲任持比丘經七
年至中夏爲小敵被傾一族
二百餘人共滅亡深愼應遠

慮焉第二名日蓮法師依法
華經而建邪法作私門而吐
誹謗儫正法而輕神祇著白
衣而厭黒衣唱經名而忌念
佛書札而押門戸以爲自家
之業破佛戒而背法華經違
僧威儀而自招禍別持廣經

而說狡惑檀那而令臨餓鬼
道内遷釋尊妙文而外背天
台教言故王臣不許而名盜
衆武士不信而呼外道故以
此黨等信者工男遊女仰殘
商人漁夫耳若有人而信此
徒黨如眞實僧恭敬供養者

受五病所謂一者盲二者聾
三者瘖四者瘂五者瘡又得
七禍一者瞋罵二者打擲三
者被縛四者閉籠五者配流
六者呵責七者尸曝如斯於
現身中蒙十惡事何況於後
生乎魔王眷屬而爲外道棟

これがいつのことを指しているのか、コロナウイルスのことを言っているのではないか、また2030年ではないか、2040年かなどと諸説ありますが、「聖徳太子の未来記」においても、2030年が大きなキーワードになっていることは間違いありません。

「**天は人々の不義を憎んで、カイブツを下す**」ともあります。

「不義」とは「義理がない」「恩義がない」ということです。

「お互いさま、おかげさま」「助け合う」がないということです。

聖徳太子は、後世に「義の精神」が失われていくことを危惧していたのではないでしょうか。

秋山 まさしく「和」と「義」。「義」という字は、下の人間が相手に羊を捧げています。これが「義」になったのだと言われています。

僕は「義」というのは、「人のために何をしてさしあげようか」「それがどれだけ楽しいか」ということを考える思想だと思っています。

その結果、報酬をもらう、もらわないは些末《さまつ》なことで、「報酬をもらえば義ではない」などと論じる人もいます。


お互いが「和を貴し」として、みんながクロスオーバーしたら、すてきな文化が来ると思います。それを信じて、そのために義を実践していくのです。

僕たちは、社会に対しても誰もやっていないことを表現できる何かはあるはずです。それを生涯かけて模索していけばいいと思っています。

それでもダメだったら、生まれ変わってまたやればいいだけです。

やっぱりつねに義を重んじる。人のために何ができるかということを重んじないと。

そういったものを「ちゃんとやってきましたか?」と問われるのが、2030年です。

「聖徳太子の未来記」に書かれている2030年

秋山　僕は予言に関する研究書を、シュメールがきっかけで1冊書いています。『最古の文明　シュメールの最終予言』です。

この中で『聖徳太子の未来記』では、2030年、中国の奥のほうでついにイスラム圏と一部ロシアの人たちが仲良くなって、中国の中である種のぶつかり合いを起こすだろう」と書きました。もちろん僕の解釈です。

羽賀　それは「聖徳太子の未来記」においてですか？

秋山　はい。それ以外の「未来記」に書かれている中で僕が一番震えあがったのは、「日本軍が南方を攻め込む」。実際に6回、その通りになりましたが、その回数まで書いてあるのです。

日本が関わる戦乱に関する記述がちゃんとあるのがすごいですね。
それが引き金になって、国連軍対ロシア・イスラム連合軍の最終決戦が、中国の奥のほうで起こる可能性があります。

羽賀　国連軍というのは、いまで言うとNATOですね。アメリカとヨーロッパ対、ロシアの対立軸が明確になっていく。

秋山　今回のロシア対ウクライナの戦争は、実は「新興ロシア勢力と旧ロシア正教の宗教戦争」です。このことは、どの国もきっちり伝えていません。それを欧米がこじらしただけです。
結果的に、世界のポンコツ武器を「売っていない」と言いながら、大量に売りつけています。

羽賀　ウクライナにバンバン売りさばいていますね。

秋山　僕は茶番だと思っています。犠牲になるのは両国の市民です。それぞれの政治家が、両国の市民のことを考えていないから、戦争なんか起こるわけです。

普段は嫌悪感を持たない僕が、戦争には本当に嫌悪感を持ってしまいます。

人間は拳銃を持ったら打ちたくなるもので、ロシア対ウクライナの戦争も、悪い病気が出たという気がしないでもない。

でも、これも人間の自然の一部かもしれません。恐れたものを放置できないから、攻撃に変わってしまう。

羽賀　人間の性《さが》を乗りこえる時期を迎えているのかもしれませんね。

和の思想が生んだジョン・レノンの「イマジン」

秋山　僕は右翼でも左翼でもありませんが、神道系の右寄りの人たちの一部は、戦争を一方的に美化しようとする傾向があります。第二次世界大戦の真実は、310万人の日本人が亡くなったということですが、日本を最も傷つけることをやってしまったのも真実です。

それはきちんと総括されなければいけません。

今後、中国で何かが起こるとするなら、日本は当然、その出先の港として、「西洋文明の港になれ。出先基地になれ」と言われるはずです。

ベトナム戦争（1955〜1975年）のときに熱海や九州の一部の港など、実はかなり多くの港が米軍の中継点になっていたことを、皆さんはころっと忘れています。

僕は静岡で生まれましたから、熱海の米軍兵が荒っぽくて、地元住民は怖い思いをしたという話はよく聞いたものです。でもそれが何かは、皆さんもう語りたがりません。

戦争の真反対にある、和合の精神や思想、義の精神や思想は、今後戦争を少しでも鎮《しず》めたり収めたりするために必要なものだと思います。

それをいま、全国各地の神社に来られている海外の方々が、どれだけ感じてくれて、自分の国に帰ってくれるか。

羽賀　今回のロシア対ウクライナの戦争は、NATO&ウクライナ対ロシアという構造になっていますが、ここからイスラム政権勢力だったり中国勢力が絡むと、世界的な戦争になる、とんでもない事態になる可能性はあります。

現にいまの戦争でも、クラスター爆弾や核兵器が使用される可能性はあって、そうなると、人類滅亡の危機を迎えることになります。

そんな人類を見て、いったい天はどう思うのでしょうか？

「こんな人類なら、一回滅ぼしてしまえ」となってもおかしくないでしょう。

では、**戦争のロジックを超えるものは何かというと、人間の頭脳や知能を超えた何らかの「感性の世界」しかありません。**

ジョン・レノンはそれを音楽に求めて「イマジン」という曲をつくりました。

ちなみに「イマジン」のインスピレーションのきっかけは、彼が伊勢神宮に参拝したことのようです。

伊勢神宮には自然があって、いろいろな神々が生きています。対立することもなくて、2000年以上のときが続いている「なんてすごい場所なんだ」と感じたことを「イマジン」に託したと言われています。

神様の宿るパンとワイン

羽賀　聖徳太子の「和を以て貴しとなす」の「和」とは何かを、漢字から紐解いてみます。「和」の部首は「禾部《かぶ》」です。「禾《のぎへん》」にはさまざまな説がありますが、稲穂や五穀のような、穂を実らせた穀物を表していると言われます。

この五穀が、一つの口でまとまったときに、人は和むということです。

つまり、美味しいものを食べたら和みますし、そのときに戦おうと思わないよね、ということです。

だから美味しいごはん、光のごはんをつくることが、戦いをなくすことにつながっていくと信じています。

これは家庭にも通じる話です。美味しい料理を食べているときに、お父さんとお母さんは喧嘩するでしょうか、ということです。

食は世界を変えていきます。だから私たちも飲食店を続けていますが、食で世界を変えようとしていたのがイエス・キリストではないかと思っています。

イエス・キリストは神様が宿る食べ物として葡萄酒《ぶどうしゅ》、そしてパンの二つを重要視しました。神様の肉にあたるものがパンで、神様の血がワインなのだと。

そのパンも大量生産、大量消費されるようになって、パン本来の味わいは失われ、大量のバターと化学調味料によって、舌をマヒさせる食べ物に変わってしまいました。

小麦が商業作物化していくがゆえに、多くの小麦農家が苦しんでいます。

「最後の晩餐」レオナルド・ダ・ヴィンチ作

それは葡萄農家も同じで、イエス・キリストが重要視した二つが、人の苦しみを生み出す食べ物になってしまっています。

だからこそ、本当の意味で「神様が宿るパン」をつくれないかと思って、私たちの飲食店「パティスリーゆにわ」で出すパンは、すべて手づくりをしています。

また「神様が宿っているようなワイン」を、フランスやアルメニアから仕入れています。原材料の葡萄は農薬を一切使わず、除草剤などの散布も行わない徹底した自然農法でつくられています。ワインのラベルには北極老人が書かれた護符を印刷して、販売させていただいています。

神様が宿るパンをつくり、神様が宿るワインを提供することで、パンとワインの負の歴史を鎮魂《ちんこん》しようとしているのです。

鎮魂の時代

秋山 和と義の哲学の続きです。「和」のために何が必要かというと「義」です。そして「義」のために何が必要かというと、「なぜ」の「なぜ」の「なぜ」を問うたなら、それは鎮魂という、奇《く》しくも羽賀さんが言われたことです。

現代は、スマホやインターネットからさまざまな情報を得ることによって、参加することによって、どんどん感情的になり、興奮してしまう時代です。スマホやインターネットから、ある意味皆さんはロシア対ウクライナの戦争に参加していて、平和な国にいる僕たちも、どんどん巻き込まれています。それはカルマを背負うことと同じです。

ある禅宗に、「町の人が喧嘩をしていて、通りかかったらどうする?」という禅問答があります。これは有名な寺院の、次の管長を決める禅問答だったそうです。

あるお坊さんは「行って止めます」。これは破門です。

あるお坊さんは「通り過ぎます」。それも破門です。

「行って、そのカルマを背負って、一緒に喧嘩してみます」と言ったお坊さんが、次の管長になったそうです。

だから実体験をもって喧嘩しろと勧めるわけではなくて、実体験、実感として持ったときに初めて評論ができるし、批判するのであれば、それを超える代案がなければ、戦いなんか収まらないということを、よく理解することです。

本当に鎮めるためにどうすればいいのか――。

だから昔の神社は、自然を鎮めようと思ったのです。

その姿、挑戦はすさまじいもので、灌漑《かんがい》治水工事をしたり、土木工事をしたり、しかし金属などは使わずに、昔はすべて木を用いてやりました。

そういったかつての時代のものが、また蘇ってきてもいいのではないかと思います。


これから2030年に向けて、人類は神がかろうとしていきます。

僕はある種の昔滅んだ恐竜の怨念みたいなのものが、霊的にそそのかしている匂いを感じています。

それは幽霊なのだけど、やっぱりわからないところで集合的無意識に影響を与えている気がします。僕はね、そういうものがいるような気がするのです。だからやっぱり鎮魂しないと。

霊的な影響は、インターネットや電化製品のネットワークなどに現れて、よく憑依《ひょうい》します。インターネットを見て憑依されている場合ではありません。ネットにも、霊的な罠が潜んでいますから。

いったん鎮魂してみる。そういう時代が重要ではないかと思います。

全体性とは何かを感じること

羽賀　世界の誰もがロシアとウクライナの戦争が早く終わってほしいと願っていますが、彼らには彼らなりの「戦争に駆り立てる何か」があるのでしょう。

ウクライナとロシアの歴史を見ると、ロシアにはロシアの戦争せざるを得ない事情があるし、ウクライナにはウクライナの戦わざるを得ない物語が見えてきます。

彼らのストーリーやヒストリーを理解しないと、単純に「やめなさい」とは言えないわけです。お互いに事情があります。

しかし、「自分が正しい」「俺は間違っていない」などと、自己主張ばかり続けるのもいかがなものかと思います。

いつかはそれが「自分に返ってくる」ことを自覚したほうがいいでしょう。

日本の歴史においてもそうで、なぜ戦争せざるを得なかったのかについて、見直す必要があります。歴史をしっかり見つめていないから、「あの戦争は正しかった」と極端な美化に走るのです。

かつての日本の戦争において、全員が潔《いさぎよ》かったわけではないでしょうし、中にはいやいや戦争に駆り出された人たちもいるわけです。

歴史をしっかり知らないと、すべての霊は報《むく》われないし、御魂鎮《みたましず》めをすることはできません。

だから私たちは、歴史を勉強することをやめてはいけないのです。

いまの言葉の「治める」を、かつての日本語では「シラス」と言いました。

つまり、**教えること、知ることです。**そうしないと、オサマラナイ。

最先端の情報や断片的な情報はインターネットで手に入るようになりましたが、まとまった知識や時代の流れなどは、しっかりと本を読まなければ、もしくは、人から教わらなければわからないものです。歴史は大局的に見て、正しく理解していくことが大切です。

秋山　本当にそう思いますね。いまは、ウィキペディアを見たら誰でも知識を得たつもりになってしまう時代です。でも、ウィキペデアに書いてあることの半分くらいは間違っています。

だから、ウィキペディアに書かれていることを引用して、大学の論文などに書いたら、「ばかか」と言われてしまいます。でも、ウィキペディアをはなから信用している人たちは実に多いです。

羽賀　ウィキペディアに載っていることは断片的な情報で、全体性を網羅しづらいです。だからこそ、**「全体性とは何か」を感じること。**これが直観力とつながっていくのですね。

秋山　僕は1960年代から1980年代にかけて、精神世界のリーダーたちに直接触れる機会が多かったです。だけど彼らについて、のちの学者たちが評論していることや、分析された本などを読むと、まったくひどい内容だと思うことが、実に多くあります。当然、ウィキに書かれている内容もひどいものがたくさんあって、特に遺族の方がおられなかったり、生きている語り部がいなかった論説家においては、まったく別の話にすり替えられていることが多くて、間違っている場合はあるわけです。

残念なことに、生前にいい人だった方ほど叩かれていて、情けないなと思います。しかも、半分ぐらいは思い込みです。

いい人ほど無茶苦茶な叩かれ方をされるというのは、つまり、戦闘的な反論者を育てていなかったからです。

いま、ネット上で安易に書き込むことができるから、簡単に批判をしてしまいます。

それに、代案のない批判が多すぎるから、これでは鎮魂は終わらないな、と感じてしまいます。

だけど今後「聖徳太子の未来記」に予言された2030年までに、いろいろな意味で膿《うみ》が出てくるでしょう。

その膿の多さを見たときに、潜んでいるときはわからなくても、痛くなって腫《は》れて、はぜたときに、「こんな膿があった」と気がつきます。

そのときに我々が、我々自身を嫌悪することに負けてしまわないかどうか。

そのときに我々が、我々自身を嫌悪し、卑下することの救いをきちんと神々に求められるかどうか、自然に求められるかどうかの勝負がかかっています。

まさにサバイバルです。

神様サバイバルの2030年に向かっていると僕は思います。

陰と陽のパワーバランス

羽賀　人間は「わかってほしい」という思いが根本にあります。

その、わかってもらえない思いが溜まりに溜まったときに、鎮《しず》まらぬ霊たちが増えていきます。

そして、鎮まらぬ霊たちが増えたときに、恨《うら》みの想念も大きくなっていく。

そのピークに達しているのが、いまの時代です。

だからこそしっかりと歴史を見つめ直さなければならないし、他者の気持ちを理解すると同時に、自分自身の「許せない過去」や「許せない人」に対しても、いかに折り合いをつけていくのかを、2030年に向けて考えていかねばならないでしょう。

秋山　そこが「戦争を鎮める秘訣《ひけつ》」のすべてだと思います。

オーストリアの精神科医でフロイトという人がいます。この人は「エディプスコンプレックス」と「マザーコンプレックス」の創作者であり、提唱者です。

エディプスコンプレックスとは、子供時代に見られる無意識の感情で、男の子が同性である父親を憎み、母親に性的な愛情を持つ、というものです。

単純にコンプレックスという言葉が一人歩きしていますが、母親や父親から、または社会的先輩たちから母性や父性をきちんと学べなかった人が、それを無理やり埋めるために仮面をかぶる。この内面と外面のズレが、人と人とがぶつかる根本的な問題になっている気がします。

一人の人間の中には、父性と母性があります。このような二極のことを、中国では陰と陽と言いますが、体という空間に満ちる陰と陽のパワーのバランスがくずれてしまうのは、自分の中での父性と母性がうまくいっていないからです。その前提に、親から学んだという実感がない。

この状態が続くと、社会と関わったときに、「打倒社会」「打倒権力、打倒政治」などと叫ぶばかりで、壊れた後にどうするのか、という視点がなくなってしまいます。

そもそも父性とは、リーダーシップや社会集団を維持し、引っ張っていく力であり、父性がないと、このような力が出てきません。

反対に、母性が欠けてくると、「絶対にこれしか受け入れないぞ」となって、寛容性に欠けて、許す心が乱れてしまいます。許せないから、すぐにぶち切れてしまうのです。そのバランスが崩れているのが現代です。

戦後、タテ社会の維持は難しくなりました。企業では上司が部下を叱っただけで「パワハラだ」と訴えられてしまう時代です。最近僕は、企業のコンサルタントもやっていますが、「我々の代わりに部下を叱ってくれませんか?」という依頼がすごく多いです。それくらい上司と部下の気持ちがかけ離れています。

そういったことも、どうやってもう一回つなぎ合わせるかというのが重要な作業です。やっぱり父性と母性を豊かに持つこと、これも自然との対話の中から学べることだし、親子とか先輩後輩などの関係の中から学べることです。

我々昭和世代の大きな責任でもありますが、組織のタテ社会がすべて悪かったというのは、鎮魂という意味で、心が痛む気がします。

羽賀　そうですね。

2030年の先にあるもの／日本は世界のひな形

羽賀　ここからは、「2030年の先にあるもの」をお話しします。

2030年に向けて間違いなく、経済崩壊、戦争、天変地異などが続いていくでしょう。ちょっとネガティブな未来予測ですが、この可能性はかなり高いと思います。

秋山　そうですねえ。

羽賀　現実的なところで言うとAI、VR、メタバースは、いっそう進化して広がっていきます。これは人間の生活が便利になるという点ではよい部分もありますが、その結果、失われていくものも多いです。

では、2030年の先にあるものは何でしょうか？

私が大学生の頃、北極老人に聞いたことがあります。「戦争はなくならないのですか？」と。すると先生は、いつか必ずなくなるとおっしゃったのです。

そのときに、**日本は世界の〝ひな形〟**だということを教えていただきました。**日本で起こったことは、やがて世界で起こる。**日本という国は、そのような役割を神様から託された国なのです。

確かにいま、世界を眺めても、まだまだ戦争はやみません。けれど、争いをやめて一つになろう、この地球を守ろうという意識は、世界中の人々に確実に芽生えつつあります。そのひな形となっているのが、日本の明治維新です。

考えてもみれば、つい150年前までは、薩摩と長州、いまで言う山口県と鹿児島県は仲が悪くて、戦争をしていたわけです。いま、山口県と鹿児島県が戦争をしていたら、びっくりしますよね。それくらい、いまと昔では常識が変わっている。

「私たちは同じ日本人だ」という意識が根づいたのです。

このひな形が世界に広がると、**「国籍も、民族も、肌の色も関係なく、私たちは同じ地球人だ」という意識が当たり前になるということです。**

これは、竹内睦泰《たけうちむつひろ》先生をはじめとする竹内神道にもある考え方で、内八州《うちやしま》、外八州《そとやしま》と言いまして、**日本列島は、世界の大陸を表している**というものです。

日本列島の8つの島が内八州、そして世界の8つの島が外八州となっていて、北海道は北米大陸、本州はユーラシア大陸、四国はオーストラリア、九州はアフリカ大陸です。

日本は世界のひな形です。だから、**日本で起こることが世界にも広がるのです。**

この考え方で、ニッポンのひな形たらんとしたのが出口王仁三郎《でぐちおにさぶろう》ですが、この話をすると長くなるので今回は割愛します。

日本は世界の“ひな形”

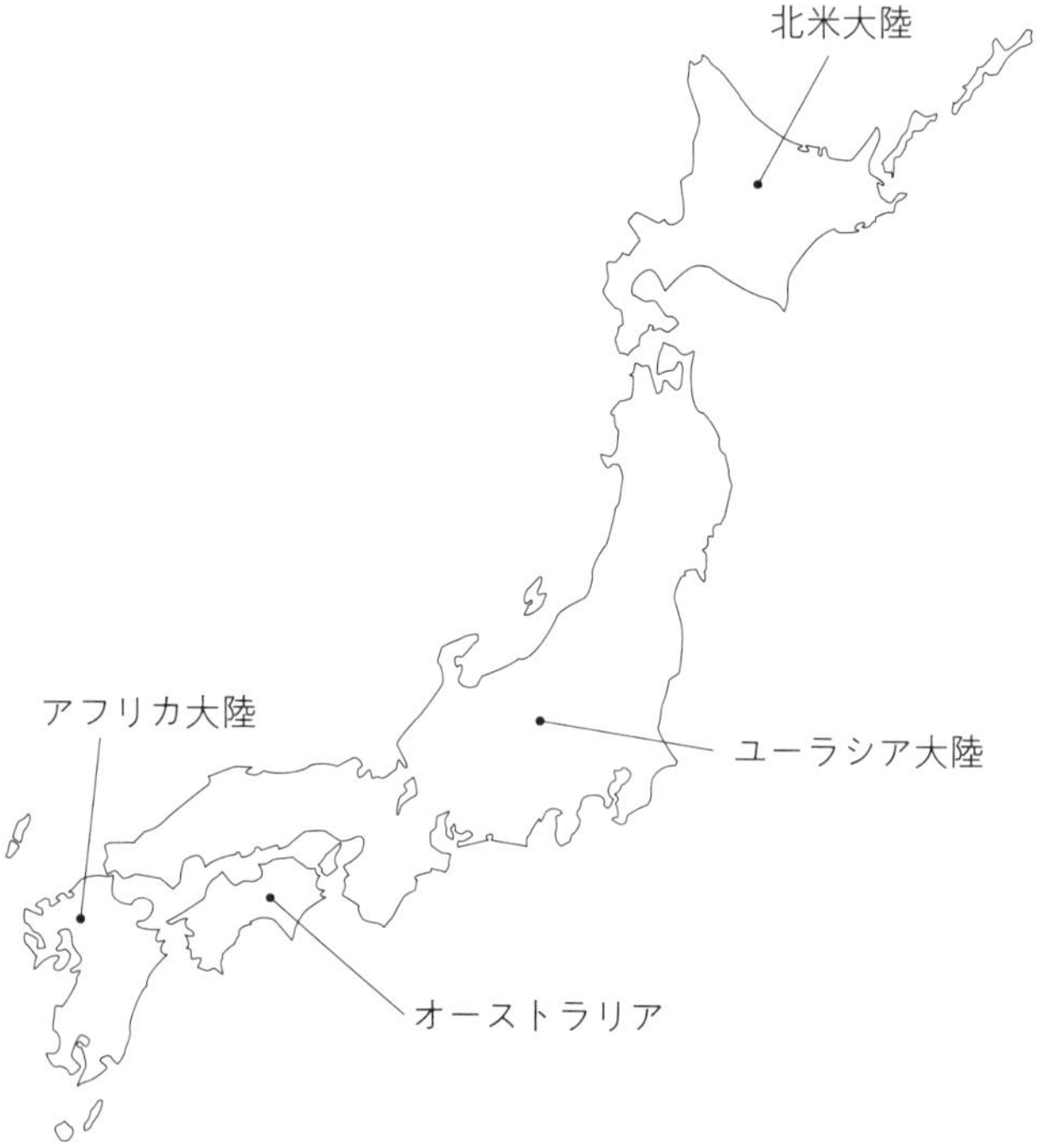
北米大陸
アフリカ大陸
ユーラシア大陸
オーストラリア

ここからが大事な点です。

日本が世界のひな形として、なぜ一つになれたのでしょうか？

それは明らかに外圧によるものです。黒船が襲来して開国を迫る海外の勢力があったから、それに対抗するために、一つにならざるを得なかったのです。

聖徳太子の時代もそうで、隋《ずい》という超大国が現れたから、日本は一つになれました。

現在はどうでしょうか。地球人たちが喧嘩している状態だとして、そこから一つにまとまろうとしたら、「俺たち地球人だよね」という意識に目覚めないといけませんよね。

すなわち**「宇宙的なものに対する価値観が変わらなければならない」**。

これが、2030年に向けての一つのキーワードだと思います。

「国境は地球に入れた入れ墨である」

羽賀　宇宙的なものに対する価値感とは、つまり、宇宙的な意識や見方です。科学は発達してきても宇宙についてはわからないことが多いし、宇宙人のこともよくわかっていません。

アメリカの国防総省が一部のＵＦＯ情報を公開しましたが、ＮＡＳＡも秘密にしていることや隠していることがたくさんあると思います。

では、隠されているものが明らかになったときに、私たちの価値観はどう変わるのでしょうか？

私たち人間が宇宙人になって、現在の地球の様子を見たら、「俺たち地球人じゃん。地球人同士でなんで喧嘩しているの？」と思うはずです。

そうなれば、人類の意識も変わっていきます。

秋山先生、宇宙人の専門家として、日本の第一人者としてどう思われますか？

秋山　僕も、皆が宇宙的視点を持つことによって、地球が一つになれると思います。昔、写真でＵＦＯと交信できる高橋たいちさんという人がいて、この方が「国境というのは地球という星に引いた入れ墨である」「人類は無粋《ぶすい》な入れ墨を入れて、やくざ化した」と言いました。

そもそも入れ墨を彫るつもりで国境をつくったわけではないと思いますが、「異なるものを分けるという恐れ」をどこまでなくせるのかというのは、心と科学の最終技術、それは心を求める精神世界の人たちと、科学を求める科学者、学術者が「ともに幸せになる」ということをエビデンスにする。

幸福主義、幸せになることをエビデンスにする。それによって完成されるのではないかと思います。

「幸せ」という漢字は、ヨコに切ってもタテに切っても相対関係で、やっぱり幸せとは、バランスなのだろうなあと思います。

バランスをとるということは、自分の反対側にあるものに対する理解をお互いが持つ、または、わからないと思ったものや異なるものに対して好奇心を持って関わろうとしてみる。いい感情で眺めてみる。こういうことが大事だと思います。

鎮魂の要《かなめ》になるのは、まずそこです。別のモノを受容できるために必要なことです。それともう一つ幸せになるためには、学術的にものを考えて、科学する心と全体でとりあえず感じようとしてみる「心の橋渡し」が大切です。

これは逆に言うと、科学であろうが宗教であろうが、そういう異なるものを受容しようとする人間の本質的な意識を拒否してはならない。辱《はずかし》めてはならないと思います。

だから科学が精神世界をバカにするのです。それは学理的に研究して、しっかり分けていないからです。科学側は「精神世界は非科学的で非知性的だ、なんていい加減なんだ」とレッテルを張りまくる。

精神世界は精神世界で、「科学なんて権力とくっついて、権力者のための基準値を振り回しているだけ」「科学は精神世界よりも下なんだ」と思っている。それを双方がどれだけ超えられるかでしょうね。

「感じる」とは「神を知る」こと

羽賀　科学はまさに「分ける世界」です。例えば「僕はA型」で「あなたはB型です」みたいなことで、分けたことによって「A型はこういう性格だな」「B型はこうだな」とわかったような気になります。
しかし、それはただの勘違いで、仮設定しているだけにすぎません。
つまり**「分ける」ということは、すべて「仮設定にすぎない」ということです。**
科学はすべて、99・999%が仮説です。

グローバルな視点で見ると、国境がまさにそうです。国と国との境がわからないとややこしいから、とりあえず北緯38度とか、とりあえずの線引きをしているのであって、すべて仮設定にすぎません。

けれどもこの仮設定がなぜか絶対的なものであり、真実であるかのように誤解しています。

私たちは何でも頭でわかろうとして、分けていこうとしますが、その結果、「何でもわかるような気」になってしまっています。

でも、本当は「わかったような気」になっているだけで、実際は「わからないこと」のほうが99・999％と圧倒的に多いのです。

これは哲学や科学、精神世界を語る上で非常に重要なことです。

「わかる」の逆が何かというと、まさに本書のテーマにつながる、「感じる」「直観力」だと思います。

「感じる」を言霊的に言うと、「神知る《かんじ》」ことだと思います。

「神を知る」とは、「わからないけど、何かすごそうだな」と直観することです。

これを日本の国学者、本居宣長《もとおりのりなが》は「もののあはれ」と言いました。

「もののあはれ」については、さまざまな説はありますが、「ものの」というのは見えない世界のことであり、「あはれ」は「あっぱれ」という意味です。

見えない世界を感じたときに、「すごそう、あっぱれ」と感じたところから、「もののあはれ」となったのです。

そうやって見えない世界のことや、宇宙のこと、人の体や樹木に宿っているものなどは、どこまでいってもわからないので、感じるしかありません。

この**見えない世界に対する謙虚な姿勢があったのが、古来の日本人です。**

人類全体としても、この価値観に立ち返るときです。

これがまさに、神道の考え方だと思います。

人間の頭で理解できることには限りがあって、すべてがわかるなどあり得ない。言ってしまえば、99%はわからないということですね。

宇宙のことも、どこまでいってもすべてを把握することは不可能です。

この宇宙は圧倒的にわからないことだらけなのだと自覚することで、人間は己の無力さを知り、争いをやめていくのではないでしょうか。

「神はただ与えて、人類は分割した」

秋山　人類学者で考古学者、ナスカの地上絵と宇宙人との関連性を初めて指摘したことでも知られ、神を探求したジョージ・ハント・ウィリアムスンという人がいます。

この人は、現代言われるところの宇宙考古学などのもとをつくり、SF作家のエーリッヒ・フォン・デニケンに多大な影響を与えました。

『Other Tongues, Other Flesh』という名著があって、日本では『宇宙語－宇宙人』と訳されています。
この本の冒頭で、**「神はただ与えて、人類は分割した」**とあります。

神はただ地球という素材を、我々に与えたわけです。
それが真理だとすれば、神はただ、あるものを与えてくれました。
僕たちは散らかっているものを分けて、ほっとしてしまった。
問題はそれによって「何がわかったか」なのです。

分けられないものが、わかるか、分けてこだわりがわかるか。
分けられない絶対的なものがあるとわかるのか。

つまり、正確に言えば、神はとりあえず与えた。人間は分けた。
しかし分けたことによって偏りから脱出し、かつ、分けられないものがあることがわかった。そして、それを感じようと思った。

精神世界は果てしない探求の道で、分けて感じて、分けて感じての繰り返しだと思います。

僕にもこれが正しいと思い込んでいたことがたくさんあって、いまとなっては赤面の至りです。しかし、分けて感じてという二つの道筋が僕をここまで導いてくれたし、それが今後も精神世界を深めていくテーマだろうと思います。

科学も精神世界の分野も頑張っていて、両者が煮詰まってきて、とうとう何がわかったのかが見えてくるのが、2030年ではないかと思います。

そこまで頑張って戦争が止められなかったら、もうお手上げです。

手相で大事なのは、手のひらの線の奥にあるもの

羽賀　分けて感じる、とても大事です。私は占い師なので、たくさんの方々を占ってきました。

例えば手相でも生命線や運命線などの線によって分けて、流年法《りゅうねん》によって何歳で変化していくと観る、まさに分けることによってわかる世界があります。

また、手のひらには8つの丘がありますが、この人は、この丘のエネルギーが強いからこうだと、分けることで読み解いている部分があります。

これはまさに、本で学んでわかる世界ではありますが、圧倒的に重要なのは、その人の手から発する波動であり、エネルギーであり、手のひらの線の奥にあるものです。

そして、手のひらを通して、この人は人生でいったい何を成し遂げようとしているのか、どこの星とつながろうとしているのか、どの宇宙から来ているのかということを、感じられます。

実はこういったことが大事な99％で、線を見るのは1％です。

ただし分けられた世界も大切で、それがわかっていないと、絶対にいい手相家にはなれません。
こういったことを、師匠の北極老人から教わってきました。

秋山 占いの中でも顔相・手相というのは完成されたもので、特に手相は本当に奥行きが深いです。西洋手相術の主流である線を中心に見る手相術というのは確かにあります。羽賀さんは流年法なんてよく知っていますね。手相をかなり見ている人でないとわからない言葉があります。ある線の位置を起点にして、年齢別の運命を分けて見ることです。

手相で、まず線で見るのは初歩、そこから突っ込んでいって気色を見る、色ですね。次に指紋を見る。それを超えて、全体の色と線がどのように変わっていくかを眺めます。

そして最後は、手のひらが発するオーラ波動なるものを受けて、へたすると手の中にビジョンまで見えてきます。

亀田壱弘《かめだいっこう》という人は、量亀流《りょうき》観相家で、透視術の初の体系化された顔相とひもづけたマニュアルを書きました。戦後まで長く生きた透視能力者です。

この人は水野南北《みずのなんぼく》の南北相法という顔を観る学問からさらに発達させて、相手の顔を観るとその人に起こる出来事などを指摘できた人です。

手にもそれは観えてきます。気色を観るところから練習して、最後は手にビジョンが観えてくる。石川啄木の「じっと手を見る」ということは、大変重要なことです。

時代の線を観る

秋山　最近、僕に「瞑想《めいそう》の指導をしてくれないか」というニーズが増えてきて、嬉しく思っています。

瞑想は心と体をリラックスさせて、変性意識状態にすることです。日常とは違う視点である「霊的な視点」を体の中に見出《みいだ》すことです。

例えば、小指をリラックスさせようとするだけでも、体全体がリラックスします。全体をリラックスさせるという方法論をうまく利用してマダム・ブラバツキーがつくったのが7つのチャクラ論です。もともとこれはインドにはありませんでしたが。中国のツボの思想なども、原始的に実践されていて、あるツボをリラックスさせると、体の別の部分がリラックスしやすくなるという関係性を体系化したものです。

「全体を見る」という旅はまだまだ続くし、手相と一緒で、**2030年に一回線を引いてみること。**

そしてそこから先に行ける考え方と、持っていってはいけない考え方とは何なのかを、線を引くことによって明確にする。

この作業が終末論の重要なところだと見ています。

つまり**「時代の線を観る」ということです。**

羽賀　「時代の線を観る」というのは面白いですね。

私は生年月日を使った占いもやっていますが、これもまさに「わかる世界」です。

この方の生年月日には、こういう星があって、配列はこうだと観ることによって、わかるものがあります。怒りっぽくて短気だなとか、落ち着きがないタイプだというのがわかります。


そうは言っても、生年月日が同じ人同士の性格や特徴がまったく同じかというと、そうではありません。違うのです。生まれ育った親が違うし、魂が違うわけです。

だからその方の生年月日だけでは占うことはできません。

これは生年月日で表すことができないその人の魂、心の領域です。だからこそ、その人の育った環境であり、親であり、DNAというものをよくよく感じないと、その人を読むことはできないのです。


「わかる世界」と「感じる世界」を両立しながら、いかに生年月日を通じて「わからない御魂の領域」にまで踏み込むことができるか？

それが、師匠の北極老人から教わってきた占いの奥義です。

この点は非常に重要です。例えば、占い鑑定に来られる方からよく受ける質問に「私の天命は何でしょうか？」「これをやろうと思いますが、進めても大丈夫でしょうか？それともよくないでしょうか？」というものがあります。

そういうときに私は「やめたほうがいいですよ」と明確な答えを示すときもありますが、究極のところ、人生において正解はないと考えています。

「いいでしょうか？　悪いでしょうか？」という質問は、まさに、正解か不正解かを求められる学校教育の弊害で、人生にも明確な正解があると錯覚しているからです。

でも、人生に正解はありません。

失敗も含めて、その方の人生にとって必要なこともあるのです。

占い師にすすめられて何かを始めた場合、いっときはうまくいっても、長い目で見ると、うまくいかないこともあるでしょうし、失敗することもあるはずです。人生に答えがあるように思ったり、人からのアドバイスを鵜呑《うの》みにしたりすると、いつも〝誰か〟に頼ってしまいます。

それで失敗したときには「あの人のせいだ」と他の誰かのせいにしてしまいます。

真善美を感じたとき、人は幸せになる

秋山　本当に重要な視点ですね。僕は若い頃は「お前はアホか」と言われることが多くて、よく人から怒られました。

そう言われて僕は、「やっぱりアホだよな」と思ったときは頭にはきません。

そもそも僕が「アホ」と言われたことを理解する素地がないかぎり、頭にくるわけです。頭にくると、道で石に躓《つまず》いてしまいます（笑）。

だから「線の置き方」をどういう気持ちで、どういう心持ちで、素直さで、正直にとらえてみるかということです。

そこで何がわかるかというと、先入観が浮き彫りにされることを理解しようとすること。それが浮き彫りにされたら、幸せという問題がはっきりと目の前に見えてきます。

羽賀　幸せは感じるものですからね。幸せだと頭でわかるものではなくて、「何となく幸せだなぁ」と感じるもの。まさに「もののあはれ」です。

美味しい料理だったり、いい音楽だったり、人の愛情を感じたりしたときに、人は幸せになります。

理屈をこねたって、人は幸せにはなりません。

秋山　あるとき僕に、「どうしたら幸せになれますか?」と聞いてきた人がいます。

そのとき僕は「あなたの場合は、こんなふうにすれば幸せの端緒《たんしょ》がつかめますよ」とアドバイスしたら、「幸せって、人それぞれですよね」と言って受け入れない。こういう返事が、一番悲しくなります。

そういう状態は、やっぱり幸せから一番遠い状態にあるわけです。わかっているなら、自分でとっくにつかんでいるはずです。

人間は人それぞれですが、何を目指すかという根本的なものや法則性は、ゆるやかですがしっかり決まっているように思います。

羽賀　それこそ、美しいものを見たときとか、いい音楽を聞いたとき、もっと言うと「真善美なる要素」を感じたときに、人は幸せになるのだと思います。

秋山　「真善美」は感じるしかないのです。「感じるしかないもの」をいいかげんだとするいまの主要な学習の現場は、すでに「真善美」を失っています。

羽賀　いかに美しいものに触れるかです。私が塾に入って北極老人にまず言われたのが「いいお店に行きなさい」「大学生だからといってケチらないように」です。

「一流の音楽や一流の芸術に触れて、一流の料亭やお店に行きなさい」と。「ここのイタリアンは美味しいから行ってきなさい」「ここの天ぷら屋さんは、おすすめだよ」と、師匠も私たちにできるだけいいものに触れさせたかったのですね。

学生が行ける範囲ではありましたが、北極老人が美味しいと思うカレー屋さん、ラーメン屋さん、イタリアン、フレンチに通っていました。

秋山　すごいね。

羽賀　はい。そうすると、まさに感性が養われていきます。

秋山　僕も静岡から東京に出てきたときに、最初に仕えた人が、東京中の一流のお店を案内してくれました。

そのことをいまだに感謝しているし、絶大な財産だと思っています。

感覚が敏感な若いときに、一流のお店を経験させてくれるなんて、なかなかできないことです。何よりその人は、その価値観をわかっていたわけです。すごいものを感じさせてくれたなと思います。

第5章

身体感覚を呼び覚ます

2030年に向けて、直観力をいかに磨いていくか

羽賀　「2030年　大終末を超える唯一の方法」とは、いかに直観力を磨いていくか、にかかっていると思います。その感性を高められるのは、日常生活です。

だから日常生活の中で、いかに目の前の人や起こった出来事を〝感じていく〟ことが重要になってくると思います。

すると皆さんはすぐに、「では、どうすればいいですか？」「もっと簡単な方法はないですか？」となりますが、それは人生に正解を求める思考です。近道なんてありません。

近頃は寿司職人を養成する学校があって、最短で数カ月で寿司職人になれるそうです。それを否定するわけではありませんが、一方で、10年続けたからこそわかることがあると思います。

料理の修業においても、お皿洗いを10年間続けたからこそわかる感性が、間違いなくあるわけです。

現代人の悪いところは、「たった3カ月でできるようになります」と、安易に安心・安全・便利・快適を目指そうとするところです。

ですが、「生きる」ことはそんなにスマートではありません。日常生活の中でいかに泥臭いことと向き合っているか、が一番大事だと思います。

秋山　そうですね。僕は精神世界というジャンルで、13歳のときから能力者として50年生きてきました。

いまだに最初にコンタクトしたＵＦＯのボディに触ったときの感覚は忘れないし、一瞬ですべてが変わる感覚を味わいました。本当に、感覚を知ったら、全人生が変わります。

羽賀　ＵＦＯのボディの感覚とは、どのようなものでしょうか？

秋山　石鹸《せっけん》の表面に触っているような感じです。つるっとしている、あの独特な感覚です。つまり、少し反発する重力の膜があるのです。

ＵＦＯの体験もたくさんありますけど、いまだに本は週に10冊以上は読むようにしています。

例えばシェイクスピアが霊感を感じたときに、どう表現していたのかなどを知っておかなければと思っているからです。

羽賀　秋山先生の本の読み方は、著者との霊的交流だと思います。

例えばシェイクスピアであれば、言葉の断片ではなくて、シェイクスピアと霊的に交流するつもりで読まなければいけないと思っています。

これはあらゆる本に言えることです。著者の魂と対話するように本を読むのです。

「この人はどんな目的でこの本を書いたのか？」さらには、「この人の御魂は何を言わんとしているのか?」「何に人生をかけているのか?」と感じないと、断片的な情報が頭にささってしまって、かえって感じる力が劣化してしまうと思うのです。

秋山　霊感へのスペシャルダイビングと、感覚をまさぐる作業と一緒にブックダイビングと活字ダイビングすることの、どちらも重要です。そうしないとバランスを保てなくなってしまうと思います。

羽賀　私は師匠の北極老人から、「本はそういうつもりで読みなさい」と言われてきました。

味わうように、感じるように、古事記を音読する

羽賀　もう一つ北極老人から言われたことがあります。

それが「古事記を音読すること」です。

いまでこそ、私は古事記の解説をしていますが、**日本人にとって古事記は、本当に大切な古典の一つです。**なぜかというと、**御神名一つ一つに、簡単に表に出せない天界の秘密が隠されているからです。**

アメノミナカヌシ、タカミムスヒ、カミムスヒ、ウマシアシカビヒコジ、そしてアメノトコタチという御神名の中には、実はたくさんの情報があります。

アメノミナカヌシという言霊に、すべて含まれています。

師匠の北極老人から、明らかにされていない情報を紐解くことを教わり続けて、私は講演やセミナーを開催したり、YouTubeで発信させてもらったりしています。

おそらく古事記の解読は、一生かけても終わらないでしょうね。

秋山　神という見えないものに名前を付けるということに対して、当時の人はものすごい慎重だったし、考え抜いた作業の末として、神々の名前を決めたのだと思います。

羽賀　考え抜いたか、もしくは、神がかって降ろしたか……。

秋山　そうですね。かつその名前は、招霊《しょうれい》するというか、神を呼ぶキーワード、マントラ（真言）でもあるわけです。だから、そこにたどり着くためには、能力者も必死で協力しあっていたでしょうし、陰陽師《おんみょうじ》たちもそうだったでしょう。

彼らと政治がちゃんとつながっていた時代があったはずで、面白いなと思います。

羽賀　北極老人から教わった古事記の読み方は、「意味がわからなくてもいいから、一音一音を、食べるように、味わうように、音読する」というものでした。そのようにしていると、人の体の中にもいらっしゃる古事記の神々が目覚めてくるのだと。

だから私は、古事記をずっと音読してきました。これは「感じるトレーニング」でもあります。

確かに意味がわかるということは大事なことではあるのですが、体に叩き込んでこそ血肉になります。それにはまず、感じることです。

古事記以外では、論語などの古典もそうで、「孔子はどんな人間だったのかな？」とイメージしながら、味わうように、感じるように読んでいくのです。

私は古事記も論語も、定期的に読み返していますが、そのたびに新しい発見がありま す。「この部分は、10年前にはまったくわかっていなかった」とか、「こういう意味にもとれるなぁ」など、そのときどきで琴線《きんせん》に触れる箇所が違ってきます。

このような霊的交流を行うことは、感覚を鍛える上で大事なトレーニングだと思います。

秋山　例えば「夕焼け」を、夕焼けという言葉を使わずに、一番端的な言葉で表現しようとさぐると、霊的な言葉になっていきます。

古事記の御神名や、神様の名前などは、逆立ちしても表現できないものです。

でも、言葉の羅列や、ある種の記号によって、その霊威たるもの、見えない響きたるものを感じて名前にたどり着くわけですから、相当な経験を積んだ人でなければできません。

大本教の出口王仁三郎《でぐちおにさぶろう》と対立した人として有名な、友清歓真《ともきよよしさね》という人がいます。彼は「神道天行居《しんどうてんこうきょ》」を開いた方です。山口県石城山《いわきさん》に開きました。

大本教と別れた後は、霊能人生をまっとうしました。UFOを目撃して、詳細な記録も残しているし、総合的な霊能者です。

友清歓真は、大本教が大正日日新聞を買収したときに編集長だったということもあり、大変な言葉のテクノ・マエストロでした。

友清歓真は、多くの名言を残しています。

日本には、キリスト教が入るまではキリストの教えはなかったし、道教も入るまでは道教の神々はいませんでした。

彼は外来の神が入ってくるずっと以前から、**「神は日本ではじっと見ているだけだった」「神はただじっと見ている」**という言葉を残しています。

僕はこの言葉が大好きです。僕たちが逆立ちしようが、喧嘩しようが、戦争をしようが、平和だと叫ぼうが、神はただじっと見ている。

「見守られる幸」「見守る幸」というのは、「極上の幸せ」ではないでしょうか。誰かを、何かを「見守ってあげよう」と思うこと。「自分は見守られているんだ」と感じられること。これだけで、人間は幸せになれるはずです。

羽賀　古事記を読み続けることも、ある意味見守られることにつながってきますし、日本人が神社に継続的に通い続けていることもそうですね。見守られていると思うのです。

よくわからないものを味わいつくす

秋山　友清さんは霊的な技術の秘法で、十言神呪《とことのかじり》を世に出された方です。「天照大御神《あまてらすおおみかみ》、天照大御神」と、唱え続けるのです。それだけでも、すべての神がわかってきます。

羽賀　十言神呪は、味わうように唱えなければダメなのですよ。早く言う形もありますが、「あーまーてーらーすーおーおーみーかーみー」と味わうように言うのがよいですね。

「天照大御神」という言葉にも霊的な意味が込められていて、太陽の働きを十言《とこと》、10の言葉で表しています。

それを継続的に唱えることによって、「太陽のエネルギーを授かることができる」教えとして今日まで残っているのです。

秋山　そうですね。「生長の家」という宗教がございまして、創始者の谷口雅春《たにぐちまさはる》さんは出口王仁三郎さんのお弟子さんの一人です。

谷口さんが提唱した一つの修行法の中に、「ありがとうございます」をひたすら繰り返すという方法があります。

最初は、違和感を覚える方もいらっしゃるかもしれません。「ありがとうを繰り返すなんて気持ち悪いな」とか、「誰にありがとうって言うんだろう」などと思われるかもしれません。

でも「ありがとうございます。ありがとうございます」をゆっくり言い続けていると、100回目ぐらいでちょっと化けてきます。よくわからないけど、ありがたくなってくるのです。

逆に言うと、「ありがとうございます」という言葉のありがたみは、100回唱えなければわからないということなのでしょう。

だから、繰り返して学習するということが重要です。

羽賀　よくわからないけどやってみる、よくわからないものを学んでみるのも大事なことだと思います。

私のYouTube「神社チャンネル」では、1回見ただけではわかりづらいことを、あえてそのまま流しています。速く話したり、情報量を多くしたりとか。

本当はわかりやすく話すことはできますけど、「わかりやすくする」とはすなわち、「複雑なものをそぎ落としていく」ということです。

味覚で例えると、化学調味料は、とてもわかりやすい味ですよね。

音で言うと、デジタル音は非常にわかりやすい音です。反対に、自然音はとても複雑ですが、それをデジタル化してギザギザに処理したものが人工音です。これは情報についても言えます。

X（旧ツイッター）は140文字、TikTokは1分間で表す世界で、短いものが世界的に流行っています。

でも、わかりやすくしているはずなのに、かえってわかりにくいわけです。

ロシアやウクライナの歴史も、よくよく味わってみないとわからないです。「1分間で表せるロシアの歴史」なんてないわけで、「すぐにわかる論語の言葉」などもありません。

よくわからないものの例として、古事記や論語、老子を引き合いに出しましたが、それらを**味わうように、感じるように読むのが、まさに「直観力を磨いていく」ことにつながっていくのです。**

人間関係についてもそうです。この人はなんかいい感じ、もしくはいやな感じ、性格が悪そう、陰キャラ、陽キャラなどと簡単に片づけようとしがちですが、人間はそんな単純に分類できるものではありません。

すぐに判断できないからこそ、しっかりと目の前の人を感じるように関わっていく必要があるのですね。

名前のつけ方で大切なのは、子どもの御魂

秋山　現代人は、目安とか分けたことがすべてになってしまっています。最近、漢字の画数についての漢字論争で、それを感じました。

草冠は何画だと思いますか？　いまは3画ですね。本来は艹と書くから4画ですが、ここが論争として分かれるところで、お互いに喧嘩になってしまいます。

例えば、僕の「眞」という字は、写真の「真」という字の旧字に「人」と書きます。この「眞」という字は、カタカナの「ヒ」を書いて「目」という字を書きますが、問題は次のポイントです。「目」の下の「エル」の字を、横線から先に書く人と、縦・横の順番で書く人がいます。

文部省教育の中では、いまの新字を書いても旧字を書いても、ともに10画だとしています。画数は変わりません。

しかし、「眞」のエルの部分を横線から書いたら2画分となるので、画数は11画です。でも文部省は、どちらも10画にしてしまいました。

僕自身は、昔からの教わり方で11画だと思っています。一番下の「人」という文字を書いて、全部で13画だと感じています。

以前にこの漢字の話をしたら、「秋山さん、それ間違っていますよ」と言われてしまいました（笑）。「お前は文部省さんの味方か」って思います（笑）。

羽賀　正解は10画であり、11画であり、13画ですよね。全部正解です。

私が一番初めに姓名判断を教わったときも、そう教わりました。局面によって画数は変わるのだと。

秋山　そうですよね。例えば草冠にしても、4画と3画の両方の性質を見ることが重要です。なぜなら、その人に両面の性質がこもっているとも言えるからです。

羽賀　そうです。私は依頼されて人の名前をつけるときもありますが、両方でつけています。

ある漢字が3画や4画であったとしても、全体の意味合いを考えて、かつ、吉画として成り立つようにバランスを整えて、さまざまな可能性を考慮しながら名づけています。

私が何よりも大事にしているのは、子どもの御魂です。

生まれてくる子どもには魂があり、意思があります。

もちろん、単純に吉画だけを見た名前のつけ方もあっていいと思います。

それもまた、神様からのメッセージだと思うからです。

では、その子の魂に一番ピタッとくる漢字とは何なのか？　という大事な点を、御魂と対話しながら、よくよく感じないと、名前をつけることはできません。

そもそも、「いい名前はつけられない」と最初に師匠から教わっているので、生まれてから何日間もかかって名づけるときもあります。もちろん、スパッと決まる場合もあります。

私は名づけにおいても、「感じること」を大事にしています。

秋山　こういう研究がとても重要だと思います。

例えば、生年月日の占いにしても、実際の誕生日とは別に、戸籍上はこうなんですとおっしゃる人がいます。昭和の初めに生まれた方にいらっしゃいますが、占い師を困らせるような誇らしげな顔で言ってくる人がけっこういます。

それをどう観るかは、占い師さんの資質が試される瞬間でもあるし、面白いところです。

羽賀　そういう方が私のところにいらっしゃった場合、その人が思い込んでいる生年月日の影響を受けてしまうかもしれません。だからそれを確かめるために、筋反射で調べたり、オーリングテストを使います。もしくは呼吸法です。

呼吸で調べる方法は、相談者の生年月日を含めたいくつかのカードをつくって、その方の前に照らし合わせたときに、ふーっと深い呼吸になるポイントがあります。

そのとき「あ、この生年月日ですね」と明確になるのです。これは、師匠の北極老人から教わった方法です。

呼吸は直観力の表れでもあるのです。

人間関係も呼吸の深さ

羽賀　あらゆる物事の神髄は、呼吸にいくと思います。柔道や剣道でもそうで、相手が攻撃してくるタイミングとは、息を吐きながらですよね？

息を吸いながら攻撃はできないから、相手がいま息を吸ったとなったら、次は攻撃してくるなと、わかります。

「達人の領域では、呼吸の読み合いになる」と、多くの武道家がおっしゃいます。ということは、最終的にどちらが勝つのかは、呼吸の深さが関係しているということです。

つねに長く深く、ふーっと息を吐いていると、相手の呼吸もわかります。

正しい直観力を働かせるときのポイントも、呼吸にあります。

そもそも、自分にとってしっくりする答えを選んでいるときは、呼吸が深くなります。

生年月日を調べるときでも手相を見るときでも、相手の呼吸が深くなるように話をするのが大事なポイントです。

秋山　本当に呼吸はすごく大事です。呼吸というのは、自分が生きている上で、まず最初に外界と交信するためのリズムとタイミングです。

その人が外界とどういうシンクロを起こしているか、全部でるわけですよ。

羽賀さんが先ほど、筋反射で観るという話をしましたが、僕は扇子を使って観ています。僕が扇子を持っている理由は、質問を受けたときに、扇子を割ってみるのです。割って閉じる。この動きがなめらかにいくかどうかで、わかります。

これは一種のダウジングだし、ダウジングの達人になると、例えば指で机をこすりながら、滑らかに動くか、引っかかるかで観ることができます。

こういったことは、占いの基礎回路だと思うし、呼吸はその最たるもので、やっぱり息が合う、乱れるというのは、何かがあるとは思います。

羽賀　掃除をする前、部屋が散らかっているときは、やっぱり呼吸が浅くなっています。掃除を始めてだんだん片づいて、場が整っていくと、「この空間にいて、呼吸が深くなっているな」とわかるし、最初に比べて「ふうーっ」と息を長く吐けるようになっています。

あと、皆さんが集まる会のときも、最初は場の雰囲気が荒いといいますか……。

特に宴会などは、ストレス発散でお酒を飲んでいる方がいたりして、呼吸が浅い感じがします。

こういった呼吸感は大事なことで、私たちは生きている証として、息をしています。呼吸をしているとは、生きているということです。ですが私たちは、呼吸にさほど意識を向けなくなってしまっています。

呼吸でわかるのは、人と関わるときでも同じです。

初対面の人に出会ったり、相手のことがよくわからないときは、お互いに呼吸が浅くなり、まさに「息が詰まる」関係になります。

でも、相手のことがよくわかってくると、だんだん息が合うようになっていくものです。一緒にいても呼吸に違和感がない、もしくは呼吸が深くなる人と一緒にいるのが大事です。

ＵＦＯを呼ぶときも、スプーン曲げも、深い呼吸

秋山　僕は若い頃、ＴＶや雑誌に「ＵＦＯを呼ぶ少年」として取り上げられたものだから、どこに行っても「ＵＦＯを呼んでもらえませんか？」と言われてきました。

「自動販売機じゃないんだから」と思いながらも、みんなにＵＦＯを見てもらいたいな、呼んでみたいなという思いが馳せて、そういう人を連れて、しょっちゅう郊外でＵＦＯを呼ぶことに挑戦していました。

そんなとき、「明け方の3時15分から20分ぐらいにＵＦＯが来るな」と、確信することがありました。それはＵＦＯと正確に交信しているわけではなくて、一緒にいる人たちの整いを読んでいました。

ＵＦＯは「見たい、見たい、絶対見たい」というガチガチの人が一人でもいたら、現れてくれません。その思いが解けるまでは無理です。

またテレビのスタッフで、「このカメラを整えて」「録音機材を持って」という仕事の意識がガチガチでも、ある意味ダメなのです。

羽賀　呼吸が浅いのですね。

秋山　そうです。でも「ぼんやり瞑想しようか」と、力が抜けすぎている人が来てもダメです（笑）。

みんながこの星空で、この空気感で、この場所で、「ＵＦＯが来てくれたら楽しいな」と思ってくれる瞬間があって、するとＵＦＯが予想した時間ピッタリに現れます。

明け方の3時15分で、その瞬間にバラバラッと。

だから息の読み方ってすごいなと、何度も感じたことがあります。

羽賀　ＵＦＯはまるで、息をするみたいに飛びますね。呼吸で飛びますよね？

秋山　そうですね。金属でできた生き物ですよ。宇宙人はそれを操縦するわけだから、我々よりも生命の本質に近いところにいると明確に感じます。

ＵＦＯで呼吸の整いを感じることができたのは、本当にラッキーだったと思いますけど、この話をＵＦＯ好きの人たちに話しても、なかなか伝わりません。

ただただ「秋山さん、ＵＦＯ呼んで！」と、依存だけが強くなってくると、僕がガチガチになって呼べなくなってしまいます。

羽賀　念力も呼吸が深いときに作用するものでしょうか？

秋山　ユリ・ゲラーがそうでした。彼が念力でコンパスの針を動かしたとき、「磁石を仕込んでいる」とさんざん言われたことがあります。しかも「磁石はユリ・ゲラーの歯に仕込んでいる」とまで言われて、彼は歯医者のデータまで提供して、ラフな服装でガラス張りの机の上で再チャレンジしました。

そんな難しい条件でも、ユリはサービスマインドもあって、航海用の大きなコンパスを持ってきて、日本語で「動け！」と言ってやってくれました。「Ｍｏｖｅ！」と言ったほうがいいだろうに、「動け！」と言ってくれて、本当に偉い人だなと思いました。その姿を見ていたら、ユリが「ふうーっ」と息を吐いた瞬間に、ぐるぐるぐるとコンパスの針が動いたのです。

羽賀　なるほど。息を長く「ふうーっ」と吐いた瞬間に……。

秋山　あの頃、どこかの大学でスプーン曲げをするときのユリ・ゲラーの脳波を調べたことがあります。その瞬間にいたる彼の脳波は、ミッドαまではいかないけど、まるで眠っているかのようでした。

彼の脳波を測っている先生は、そんな珍しい脳波を見たことがないから、ユリが眠っていると思って「ユリさん起きていますか？　起きていますか？」と、何度も聞いていたほどです。

そんな脳波でスプーンを曲げるなんて、手品ではできませんよ。面白いなと思いました。

羽賀　やはり、深い呼吸が関係しているのですね。

人類全体の呼吸が深くなっていったら……

羽賀　私たちの会社で面白い実験をしたことがあります。

ある女性スタッフの後ろに、Aさん、Bさん、Cさんの3人の男性スタッフを立たせてみました。

男性スタッフAさんが女性スタッフの後ろに来たときの呼吸を感じると、ちょっと浅くて、男性Bスタッフを立たせると、ちょっと深くなる。男性Cのスタッフでは、さらに深くなる、という結果で、この実験でわかったことは、女性スタッフに一番縁が深いのはCさんでした。

でもね、好みのタイプと一致しないようです（笑）。

秋山　そうなんですよね（笑）。

羽賀　顔のタイプはAさんなのに、彼が背中に立つと、呼吸が一番浅くなりました。

秋山　好みは歪むんだよね。

羽賀　そう、視覚情報だけに囚《とら》われると、歪むんです。

秋山　こういった人間の歪みの幅が怖いのです。本当にそう思います。

ときどき僕のところに、「秋山先生、とうとう運命の人が現れました！」と言ってやってくる女子がいます。

婚活セミナーに行って、やっぱり好みの人を選んでいるわけです。で、僕が観てみると、「……言っていいのかな？」となります。

羽賀　自分の好みで選んでいるときは、むちゃくちゃ息が浅いのです。「あ、好きなタイプ」となって、いわゆる恋愛感情でドキドキしているときは、呼吸が浅くなっているから、間違っていることがすごくあります。恋愛感情と、本当に長く続く愛とは、まったく別物だということですね。

秋山　その人が整うかどうか。これだけは外側から誰かが教えないと、わからないですよ。

羽賀　そうですね。一緒に旅行したりして、いかにお互いの呼吸が深くなるかというのも、冷静に感じてみたほうがいいです。これは、当たり前といえば当たり前のアドバイスですが。

秋山　僕は「こいつはひどい奴だ」と思った人と、何十年も付き合うことになったケースもあります。

羽賀　息が長いのでしょうね（笑）。

秋山　反対に「こりゃステキな人だ」と思って付き合ったら、とんでもない思いをしたこともあったし、若いときはやっぱり見えていないわけです。

恋愛では、霊感が感情に左右されます。それの修業の歴史ですね。

羽賀　面白いですね。人類全体の呼吸が深くなっていったら、未来もいい方向に変わっていくのではないかと思います。

目の前の人の幸せが、世界を変えていく

秋山　大谷翔平さんが座右の書として、中村天風《なかむらてんぷう》さんの『運命を拓く』を挙げたので、

ふたたび天風さんの本が売れています。

僕が天風さんを評価しているのは、基礎的な成功論を説いた人だからです。戦前は彼の説いた内容はあまり受け入れられなくて、戦前の精神指導家のリスト本がありますが、「天風は口がうまいだけだ」「天風は人を巻き込む」「座学でみんなを洗脳してしまう」などと書かれています。

羽賀　中村天風さんは、国家プロジェクトで動いていますね。

秋山　そうです。陸軍中野学校の生徒で、師匠は国家主義者であり、右翼の巨頭とも言われた頭山《とうやま》満《みつる》です。

天風さんは、手かざしもやるし、目で人を飛ばしたりもするし、能力者でもありました。要するにマルチプレイヤーです。我々精神世界で言うと、マルチプレイヤー・ティチャーだと思います。

天風さんの言葉で、僕がぐっときたのは、戦後の貧しかった日本で、「絶対に平和は来る」「絶対にみんなが幸福になり、平和になる時代が必ず来る」と言い切ったことです。

精神世界を長く生きていると、「この世の中は滅ぶに決まっているだろう」と言う方が多くいらっしゃいます。経験を積んだ指導者ほど、悲観的になりがちです。

しかし、その中で、戦後の混乱期を勝ち抜いて、あれだけたくさんの人を指導した天風さんが、「必ず幸せは来るんだ」「平和は必ず来るんだ」と予言しきっています。

単に思うだけではなくて、予言していることに、すごいなと思うわけです。

羽賀　私が師匠の北極老人から教わったのは、「関わる人の幸せをとにかく祈る」ことです。

これが占い師として、いや、どんな職業でも一番大事なことだと思います。

「相手の幸せを祈る」とは、「この人の未来は、絶対によくなる」というイメージを持つことです。

「幸せになっていただけますように。明るく元気になっていただけますように」

そうイメージしているときに呼吸が深くなっていって、「ああ、よかった、幸せになってもらってよかったな」となるまで、しっかりとイメージできることが大切です。


相談者によっては、「あー、この人はまったく……」という場合もあります（笑）。でも一瞬そう思ったとしても、そのイメージを消しながら、「それでもこの人には、明るい未来が待っている」と思いながら話を続けていると、相手にもそれが伝わるのです。その瞬間に「未来は変わっていく」と思います。


これがとても重要なことで、**目の前の人の幸せが、世界を変えていきます。**

逆に言うと、**目の前にいる一人すら幸せにできなければ、人類は変われません。**

だから、自分が関わる一人ひとりを大切にして、その人たちの幸せをイメージしていくのです。

そうすることで、未来は必ず変わっていきます。

秋山　そうですね。世界平和を唱える前に、「自分はどうか？」と振り返ってみることです。「僕はどうか？」という絶対的な突きつけをしてみないと、心の中に世界平和は入ってきません。

羽賀　突き詰めると、目の前の人、もしくは自分が幸せにならないと、世界はよくなりません。

秋山　世界平和や幸せのエビデンスは、それぐらいはっきりしているものです。いくら自分の主張を叫んだり、人の好き嫌いをわめき散らしたところで、本人はまったく幸せではない、そんな人が山のようにいます。要は、どこまで自分を磨けるか。

羽賀　そして、どこまで自分の周りにいる人の幸せを願い、我がことととして貢献できるのか。それが「大終末を超える唯一の方法」につながってくると思います。

秋山　そうですね、だから世界が平和にならない限り、自分も平和ではない、と思った瞬間に、その人の生き方が、躍動的で力強いものになります。

昔、手かざしで有名だったある宗教の開祖が、「これからだ。俺様の手が世界を癒やす」という書き付けを残しました。

一見、「俺様が世界を癒やす」なんて、なんと傲慢《ごうまん》な奴だと思えるかもしれません。しかし、あえてそんな言葉を色紙に書いて周囲の人に配った心理を追ってみると、「それぐらいのつもりでやらないと、人の体の不都合なんて変えられない」という、心の叫びだったと思います。

羽賀　一人の癒やしが世界の癒やしにつながるということに、確信を持たれていた方ですね。

秋山　はい。理屈をはるかに超えるもので迫らない限り、自分の中に突きつけない限り、何も変わりません。でも、「俺一人からできるのだと思え」という、壮大なエールのような気がします。

2030年に向けて、心理的にも現実的も飢えが始まっていくと思うし、満たされない飢えが始まったら叫びも出てきます。

その叫びを「何に向かって叫ぶのか？」だと思います。

羽賀　目の前にいる人が、何か悩みを持っているとします。どのような悩みであれ、それを乗り越えたときに、同じような悩みを持っている何十万人、何百万人にも広がっていくのだと、師匠の北極老人から教わりました。

「世界を幸せにするつもりで、世界を変えるつもりで、一人一人に向き合っていきなさい」と。

このことは、お母さんが家族のために料理するときも、会社で上司が部下と関わるときにも、同僚と関わるときも、お客様と関わるときも当てはまる、一番大事なことだと思います。

あなたの目の前の人の幸せが、世界を変えていきます。

秋山　そうですね。日本が、世界の霊的モデルケースになり、その美しさを世界に発信できたら、こんなに嬉しいことはありません。

幸せは、かけがえのない神からの贈り物です。

ありがとうございました。

羽賀　どうもありがとうございました。

おわりに

秋山眞人

今回の対話は、とても楽しかった。私も時をかぞえ、長老などと呼ばれるようになったが、精神世界の住人になってから、たしかに50年が過ぎようとしている。

私が若いころは、この世界も元全共闘や思想関係者が多く、激しい対立がうず巻いて、「愛と平和をもとめる激しい〝言論戦〟」が多かった。

羽賀さんのような若い方の中に何世代目かの「広い心を持った論客」が出現してきているのは、本当にうれしい。私と対談することだって勇気が必要だったはずだ。

やはり、精神世界は「違う者同士のぶつかり合い」よりも「元気と勇気ある人々のお互いの受容」が大切な時代なのだと近頃つくづく想う。

「受け入れ」「よりそい」「愛情」がよく語られる精神世界だが、ただでさえナルシスト的に他の意見を攻撃ばかりする人が多い中で、羽賀さんとの対話の最中は、何となく、ひとすじの神様からの光に守られている感覚があった。

精神世界は、あぶないとか非科学的とか言うが、カルトと精神世界はまったく「別モノ」だし、科学が産み出した武器や新薬はどこかで、人に「心の痛み」を与え続けてはいないだろうか。

ここまで個人主義が進むと、すべての行いは自己責任と言われ、個人が学ばなければ、そして良質なオーラを持たなければ生き残れない時代に突入している。

いまこそ、自分をいやす「セルフヒーリング」と「個々の神とのつながり」を老若男女問わず真剣に見つめていかないと人類は滅亡してしまう。

私たちは「いま」滅亡に向かう運命と生々しく戦っているのだ。これからは、自分と身近な人々をどれだけ癒やせたかということが未来を切り開く。

楽しんで、考えて、よいものを見て、そして、直観を大切にしよう。

地球は、まだまだガマンして私たちにつきあってくれそうだ。そんな地球の意志に、そして住人としての人類に感謝しかない。

人類よ！　時間という財産をムダにするな。時間は私たちをコントロールするものではなく、私たちに与えられた神々からの宝物である。

ちなみに私はいま、「本にする」というカタチで、自分の体験と学習のプロセスを整理しはじめている。少し前に長年書きたかった「前世」についての「自分で解明する法」を中心にした本を書いたし、来年も次々に出版予定が決まっていてうれしい想いを重ねている。

何か表現できることがあることは、本当に幸せだし、私が能力者として10代から体験してきた、いわば霊能力職人としての集大成を、大学院で学んだ学術的整理の方法論と共に、すべてはき出すつもりで「書く修行」にはげむつもりである。未来への伝言はまだまだたくさん、頭の中にある。

あとに続くまじめな求道者が、道に迷わぬよう「知恵の道しるべ」くらいは残していこうと思う。精神世界の勉強はいくつになってもできるし、この道を極めた者は本当に歳をとらない。

またこの世界は他者の否定をするのは勝手だが、それだけではどうにも前に進めなくなる。当然、ウソの体験を本当と言い、本物をウソつきと言う人々が多いのもいまにはじまったことではない。つまり、彼らにまどわされないだけの霊的な知恵とセンスを必ず身につけねばダメになるということだ。いまの私にはもう、ニセモノとウソつき本人を救っているヒマはない。

「神はただじっと見ている」とは、ある能力者の言葉だが、それは何もしないで見ているのではない。神は人類にすでにすべての素材を与えた上で、見守り続けているのである。その神の視線を感じながらの「戦争」は本当にむなしくザンコクである。ウクライナもイスラエルもすべては宗教戦争だ。

われわれは善を求めながらも、本当の邪悪はどこにあるのかを、はっきりさせなければならない時代に突入している。善良な人々がバカにだまされたら、最後はバカだと言われてしまう。もう、バカバカしい論争はたくさんだ。迷わず自分の天命を生きたいではないか。

日本及び日本人は特別な霊性を持つと言われるが、日本及び日本人の定義はともかくとしても、日本人のマインドは、多くの宗教のドグマを超えて、世界の宗教対立を静かに身守ることができる力を持ちつつある。

これは、とても喜ばしいことだ。これはある意味、国際的経済信用も産み出す。

日本のシンボルは「日の丸」だけれど、それがそもそも思想の象徴ではなく、日々昇る、変わることのない太陽であり、アマテラス神の化身であることは注目すべきだ。古代日本では、それは鏡にも象徴され、自己を映すものと同時に、太陽神とされた。我らは太陽とつながり、光であり、神の心の一部である。それが実体だ。

みなさんは頭上にある太陽に何を観るのか。さらに明日も昇る太陽は何を映すのか。太陽は、あなたという「社《やしろ》」にある神そのものの姿であり、荒ぶる神であれば、ていねいに鎮め、和幸なる神であれば、永遠にたたえるべきである。

この国が自然な姿を求める未来をうしなわなければ、必ず日本の心は、神々《こうごう》しいものであり続けるはずだ。

聖書にもある神の言葉「光あれ!!」の意味を深く深くかみしめよう。

晴れた秋の日に

秋山眞人（あきやままこと）

1960年生まれ。国際気能法研究所所長。

大正大学大学院文学研究科宗教学博士課程前期修了（修士論文のテーマは、大正期における霊術及び霊術家の研究）。

13歳のころから超能力少年としてマスコミに取り上げられる。

ソニーや富士通、日産、ホンダなどで、超能力開発や未来予測のプロジェクトに関わる。

テレビ出演多数。

著書は『新時代を生き抜く！ 波動を上げる生き方』（西脇俊二氏との共著、徳間書店）、『最古の文明シュメールの最終予言』『前世は自分で診断できる』『直感力 超トレーニング』『日本の呪術大全』『強運が来る兆しの法則』『しきたりに込められた日本人の呪力』（ともに河出書房新社）、『山の神秘と日本人』『宇宙意志が教える最強開運術』（ともにさくら舎）など100冊を超える。

秋山眞人オフィシャルサイト
https://makiyama.jp/

羽賀ヒカル（はがひかる）

東洋思想・神道研究家。15歳のある日、師である「北極老人」に出会い、神道、占術、東洋思想の実践と探求をはじめる。

現在はセミナーや各種メディアで、幸せに生きるための神道を伝えている。

オンラインコミュニティ「ゆにわ塾」では講師を務める。

YouTube「神社チャンネル」では「日本人の心に火を灯す」を合言葉に、神道から社会情勢まで幅広いジャンルで心が熱くなる情報を発信中。

神社チャンネル　https://zinja-omairi.com/
ゆにわの総合情報サイト　https://www.wix.hokkyoku-ryu.com/

2030年　大終末を超える唯一の方法

第1刷　　2023年12月31日

著　者　　秋山眞人
　　　　　羽賀ヒカル
発行者　　小宮英行
発行所　　株式会社徳間書店
　　　　　〒141-8202　東京都品川区上大崎3-1-1
　　　　　　　　　　　目黒セントラルスクエア
　　　　　電　話　編集(03)5403-4344／販売(049)293-5521
　　　　　振　替　00140-0-44392

印刷・製本　大日本印刷株式会社

ISBN978-4-19-865741-3